民营企业融资
全程操盘及案例解析

李昆陵◎著

献给民营企业

支持民营企业发展丝毫不动摇

中国商业出版社

图书在版编目（CIP）数据

民营企业融资全程操盘及案例解析 / 李昆陵著.--北京 : 中国商业出版社, 2020.1

ISBN 978-7-5208-1081-4

Ⅰ. ①民… Ⅱ. ①李… Ⅲ. ①民营企业－企业融资－案例－中国 Ⅳ. ①F279.245

中国版本图书馆 CIP 数据核字（2019）第 289859 号

责任编辑：杜辉

中国商业出版社出版发行
010-63180647　www.c-cbook.com
（100053　北京广安门内报国寺 1 号）
新华书店经销
三河市长城印刷有限公司印刷
*
710 毫米×1000 毫米　16 开　14 印张　195 千字
2020 年 5 月第 1 版　2020 年 5 月第 1 次印刷
定价：48.00 元
* * * *
（如有印装质量问题可更换）

前言

民营企业的发展受很多因素的制约，而在这些因素中，资金是最重要的。

资金是企业经营的命脉，但在发展过程中很多民营企业总会遇到资金不足的问题。如何来解决这个问题？融资！

融资过程不顺畅，会直接影响到企业的效益，最终影响到企业未来的发展。

本人通过从业多年投融资以来对民营企业融资的了解以及自身经验，总结了企业可以通过哪些渠道进行融资以及融资的技巧，希望对企业的融资行为有所帮助。

从方式上分析，企业的融资渠道大概可以分为以下几种：

（1）债权融资。债权融资是企业直接吸引投资的一种方式，在债权融资中，比较常见的有：争取银行贷款、民间借贷行为，以及信用担保融资和租赁融资等。

（2）股权融资。股权融资是指企业通过出让部分企业股权，获得资金，主要方式有：股权出让融资、增资扩股融资、产权交易融资、银行投资和风险投资等。

（3）上市融资。上市融资就是将企业的全部资本以股票的形式，经批准后上市流通，进行公开发行，以便在短时间内筹集大量资金。方式有三种：国内上市、国外上市和买壳上市。

（4）项目融资。项目融资是目前很多企业采取的一种融资方式，分为无追索权的项目融资和有追索权的项目融资。

民营企业面临着恶劣的融资环境，可是中国经济增长的65%以上由民营经济贡献，很多民营企业一直得不到资金的支持，单纯依靠企业自身，很难从银行获得贷款。因为中国的银行信贷机制，特别是大型商业银行的信贷机制设计不是为民营企业服务的。

金融市场不完善，大企业更容易通过多种方式来融资，还能跟金融中介机构合作，方便地筹集到各种期限的资金，而民营企业要融资就困难多了，即使融到资金，多半资金也是重量小、利率高、期限短，不利于企业的长期发展。

民营企业规模小、自有资本少、可供抵押资产少、抗风险能力弱及信用等级偏低等，银行一般都不会冒险放贷，如此也就生成了“融资难”。民营企业最难的事是融资，企业发展的最大瓶颈也是融资。融资，是打通民营企业发展的关键！融资能力，不仅体现了民营企业融通资金的水平，还代表了持续获取长期优质资本的能力，更是企业快速发展的关键因素。民营企业若能掌握正确的融资方法，抓住有利时机进行融资，就能较容易地获得成本较低的资金。

民营企业融资，是我在这几年投融资以及孵化工作的过程中，站在为企业服务的角度出发，潜心研究总结为民营企业解决发展和资本路径规划的问题，对此颇有心得，为了给各企业以借鉴和帮助，特编写此书。

本书从融资市场的全局引入，以民营企业融资为原点，介绍了企业融资的几大关键：拟订融资计划、学习融资常识、做好准备工作、熟知融资策略、了解融资平台，以及企业不同阶段的融资策略、不同组织形式的融资策略、不同行业的融资策略、路演以及融资后的注意事项。

比如，针对一些民营企业的融资技巧：

（1）充分考虑风险与收益。通过融资得到发展所需的资金，是融资的目的。不过，很多民营企业融资时考虑更多的是给企业带来多大的收益，忽略了融资中可能存在的风险。成功的融资是将收益与风险做到匹配，不会出现风险过大的问题。

（2）融资规模不能盲目。融资并不是越多越好，而是以适合企业实际情况为标准。过多的融资会造成融资成本的加大，使企业负债过多，增加自身风险；融资不足，则会影响企业的正常经营，必须根据自身的实际情况，设定适合的融资规模。

（3）选择最适合的融资方式。目前有众多的融资方式可供企业选择，不过并不是每种方式都适合所有公司，民营企业要想成功融资，就要在分析自身特点的基础上，选择适合自己的融资方式。

在本书中，我用了“宝典”类书籍的编辑方式，按照知识和实操分为上篇和下篇。企业可以根据自身情况和自身需求做匹配，利用目录快速搜索，方便查阅。仔细阅读这本书，将方法灵活运用到融资实践中，民营企业的融资之路定然会顺畅很多。

民营企业发展道艰且阻，在过去遭遇到融资难、监管严、门槛高、税负重、订单少等不少问题。融资之路，更是道阻且长，望这本书，能为您融资之路助一臂之力！

目录

上篇

民营企业宏微观融资市场分析

第一章　资本市场全局一览

第一节　融资市场现状

综观融资市场，其现状主要表现在以下几个特点：

一、直接融资状况不理想

所谓直接融资就是资金供给者与资金需求者使用一定的金融工具（债券或股票）直接形成债权股权关系，主要包括股权融资和债券融资。目前，民营企业直接融资的状况很不理想，主要表现在：

1. 债券融资方面

目前我国实行的管理方式“规模控制、集中管理、分级审批”，发行时会优先考虑农业、能源、交通及城市公共设施建设项目。受发行规模的影响，尤其是对融资额度的要求，民营企业都无法通过发行债券的方式进行直接融资。同时，国家对企业债券利息征收所得税，一定程度上影响了投资者的积极性，再加上民营企业规模小、信用风险大等特点，民营企业连发行额度也无法实现。

虽然我国有关部门已经出台了企业债券管理新条例，企业债券的发行主体会逐渐放宽，对项目的限制也将有所松动，但是在一定时期内，民营企业依然会被排除在筹商备选企业之列。虽然民营企业集合债券的发行实现了债券市场的创新，可以进入债券市场，但这也只是刚刚开始，未来之路还很长，要想通过债券融资，就必须不断地扩大范围和规范发展。

2. 股权融资方面

目前，我国资本市场还处于发展阶段，企业依赖发行股票上市融资，受严格的限制，在创业期和成长期，民营企业一般都无法达到上市门槛。

我国民营企业直接融资渠道不畅，原因有很多，中国资本市场的制度缺陷就是其中之一，所以要大力完善资本市场结构，建立多层次的市场体系。同时，加快发展私募股权融资市场，帮助民营企业获得发展所需的资金，解决民营企业融资难、新的投资者进入的问题，帮助企业更快地成长和成熟起来，提高核心竞争力。

二、缺少为民营企业贷款提供担保的信用体系

国有商业银行一般不会给民营企业办理托收承付、汇票承兑业务和票据兑现。民营企业资金结算渠道不畅，资金进账时间过长甚至发生梗阻，改用现金结算，不仅会提高交易成本，还会削弱民营企业的竞争实力。

对于民营企业自身来说，一方面，固定资产比较少，不够抵押，贷款受到限制；另一方面，在改制过程中有些民营企业出现了逃费、悬空银行债务等现象，损害了自身的信用度。同时，办理抵押环节多、收费多，比如：在土地房产抵押评估和登记手续中，评估过程包括申请、实地勘测、限价估算等，登记过程包括土地权属调查、地籍测绘、土地他项权利登记等，手续非常烦琐。

如今，国家紧缩信贷，民营企业缺乏有效的不动资产做抵押，而担保公司又不愿意为成长中的民营企业做担保，民营企业要想从银行获得贷款，难度更大。

三、对民营企业存在一定的歧视

2003 年 1 月 1 日《民营企业促进法》正式实施，金融机构加大了对民营企业的信贷支持力度，也大大改善了民营企业的融资环境。过去，国家为了搞活国

有企业，采取“抓大放小”的方针，银行的关注点都在大企业上，信贷先满足大企业，之后才会考虑民营企业的需要。

同时，多数民营企业是非国有的，效益不稳定，贷款无法回收，容易产生信贷风险，所以银行对民营企业贷款都十分慎重，条件比较苛刻，对民营企业信用歧视，对待大企业和民营企业的态度有厚薄。虽然如今比过去已经有所改善，但由于观念的束缚，这种歧视依然存在。

四、缺少为民营企业服务的金融机构

现在，我国还没有建立面向民营企业服务的金融机构，有的金融机构本来应该以支持民营企业的发展为己任，但在实际过程中，业务发展与国有金融机构有所雷同，比如：民生银行的初衷是为民营企业提供服务，但如今却跟其他股份制商业银行没什么区别。

其他新组建的城市商业银行原本也是面向民营企业的，可是由于资金、服务水平、项目等限制，也逐步变得严格，限制了民营企业的融资。因此，缺少真正为民营企业发展服务的金融机构，支持力度不够，是民营企业融资难的重要原因。

五、我国缺少相应的法律、法规保障体系

目前，我国缺少统一的民营企业服务管理机构，比如民营企业担保机构、民营企业的信用评级机构等。民营企业的发展缺少完善的法律、法规等支持保障，只是按行业和所有制性质分别制定政策法规，缺少统一、规范的民营企业立法，各种所有制性质的民营企业法律地位和权利不平等。另外，法律的执行环境也不好，为了自身局部利益，有些地方政府竟然默许甚至纵容企业逃废银行债务。

第二节 货币市场

所谓货币市场是指期限在一年以内的金融资产交易的市场，主要功能是保持金融资产的流动性，随时转换成可以流通的货币。它不仅可以满足借款者的短期资金需求，还能为暂时闲置的资金找到出路。

货币市场的结构主要包括同业拆借市场、票据贴现市场、短期政府债券市场、证券回购市场、大额可转让定期存单等；其产生和发展的初始动力就是为了保持资金的流动性，借助短期资金融通工具将资金需求者和资金供应者联系起来，满足资金需求者的短期资金需要，为资金有余者的暂时闲置资金提供获取盈利的机会。但这也只是货币市场的表面现象，只要将货币市场放到金融市场以及市场经济的大环境中就会发现，货币市场的功能远超过这些。

货币市场从微观上为民营企业提供了灵活的管理手段，使他们对资金的安全性、流动性和营利性的管理更加方便灵活，为中央银行实施货币政策、调控宏观经济提供了手段，保证了金融市场的发展。

一、货币市场的种类

根据不同的借贷或交易方式和业务，货币市场可以被分为以下几种：

1. 银行短期信贷市场

银行短期信贷市场的主要功用是，国际银行同业间的拆放，银行对工商企业提供短期信贷资金。该市场是在资本国际化的过程中发展起来的，可以解决临时性的短期流动资金不足等问题。

短期信贷市场的拆放期长短各异：最短是日拆，多数是 1 周、1 个月、3 个月和 6 个月，最长不会超过 1 年。拆放利率以伦敦同业拆放利率（LIBOR）为基础。该市场交易方式比较简便，存贷款都是通过电话进行联系的，贷款不用担保。

我国银行短期信贷市场主要集中在上海的全国银行间同业拆借中心，其利率被称为上海银行间同业拆放利率（SHIBOR），即中国的 LIBOR。发行分为：隔夜、1 周、2 周、1 个月、2 个月、6 个月、9 个月、1 年等 8 个品种；报价银行团由 18 家大型银行组成。

2. 短期证券市场

短期证券市场是进行短期证券发行与买卖的场所，期限少于 1 年。这里的短期证券包括国库券，可以转让定期存款单、商业票据，银行承兑票据等，具有较大的流动性和安全性。各国的短期信用工具种类繁多，名称不同，但本质上都是信用票据。

3. 贴现市场

该交易市场通过贴现方式，对未到期票据进行资金融通，主要经营者是贴现公司。贴现交易的信用票据主要有：政府国库券、短期债券、银行承兑票据和部分商业票据等。贴现利率一般高于银行贷款利率。

二、货币市场的参与主体

货币市场中的参与者主要指的是货币市场中参与交易的各种主体。按照参与货币市场交易的目的，可以分为以下几类，如表 1–1 所示。

表 1–1　货币市场的参与主体类别

种类	说明
资金需求者	货币市场上的资金需求者主要是由于短期资金不足或日常经营需要更多的短期资金并希望通过货币市场交易获得短期资金的主体。这类参与者主要包括：商业银行、非银行金融机构、政府和政府机构以及企业
资金供给者	货币市场上的资金供给者是指满足了日常经营需要，依然拥有多余闲置资金，希望通过货币市场交易，将这部分资金借出去，获得一定的收益。这类主体主要有商业银行、非银行金融机构和企业
交易中介	货币市场的交易中介是指为货币市场交易中的资金融通双方提供服务，获得手续费或价差收益。主要包括：商业银行以及一些非银行金融机构
中央银行	中央银行参与货币市场交易的主要目的是实施货币政策，控制货币供应量，引导市场利率，实现宏观金融调控的目标
政府和政府机构	政府和政府机构的主要作用是作为短期政府债券的供给者和短期资金的需求者，参与货币市场交易
个人	为了便于监管，个人一般都不能直接参与货币市场的交易，主要通过投资货币市场基金间接参与货币市场的交易

第三节 货币市场融资业务类型

一、民间借贷融资

1. 企业贷

所谓企业贷款是指为了满足生产经营的需要，企业向银行或其他金融机构按照规定利率和期限进行借款。为了补充企业流动性资金周转等，银行也会向民营企业法定代表人或控股股东（社会自然人）发放。

企业贷主要分为两类，一个是流动资金贷款，另一个是周转贷款。流动资金贷款，能够满足民营企业生产经营过程中的短期资金需求，保证生产经营活动的正常进行。其是一种高效实用的融资手段，贷款期限短、手续简便、周转性较强、融资成本较低。周转贷款的额度一般不高于 500 万元，贷款时间为 1 个月到 5 年，月利息为 1%~2.5%；贷款范围涉及全国各地（1~2 天放款），不用抵押，不用担保。

企业贷款的方式主要有如下几种，如表 1–2 所示。

表 1–2 企业贷款的主要方式

方式	说明
信用担保贷款	担保基金的来源，一般包括当地政府财政拨款、会员自愿交纳的会员基金、社会募集的资金、商业银行的资金等。会员企业向银行借款时，可以由民营企业担保机构予以担保。另外，民营企业还可以向专门开展中介服务的担保公司寻求担保服务。如果企业提供不出银行所能接受的担保措施，比如抵押、质押或第三方信用保证人等，就能借助担保公司解决这些难题
自然人担保贷款	2002 年 8 月，中国工商银行第一个推出了自然人担保贷款业务，只要是工商银行的境内机构，对民营企业办理期限在 3 年以内信贷业务时，就能由自然人提供财产担保并承担代偿责任。这种担保可以采取三种方式：抵押、权利质押、抵押加保证等；可做抵押的财产包括：个人所有的房产、土地使用权和交通运输工具等；可做质押的个人财产包括储蓄存单、凭证式国债和记名式金融债券
项目开发贷款	对于高科技民营企业，如果掌握着具备重大价值的科技成果转化项目，初始投入资金数额比较大，自有资本无法承受，就可以向银行申请项目开发贷款
综合授信	所谓综合授信就是，一些经营状况好、信用可靠的企业，授予一定时期内一定金额的信贷额度，企业在有效期与额度范围内可以循环使用；企业一次性申报有关材料，银行一次性审批。企业可以根据自己的营运情况分期用款，随借随还。不仅借款方便，同时还能节约贷款成本。银行采用这种方式提供贷款，对企业的要求是：有工商登记、年检合格、管理有方、信誉可靠，同银行有较长期合作关系

续表

方式	说明
个人委托贷款	如今，中国建设银行、民生银行、中信实业银行等商业银行相继推出了贷款业务新品种——个人委托贷款。由个人委托提供资金，商业银行根据委托人确定的贷款对象、用途、金额、期限、利率等，代为发放、监督、使用并协助收回
异地联合协作贷款	如果民营企业产品的销路很广，或为某些大企业提供配套零部件，或为企业集团的松散型子公司，在生产产品的过程中，如果想补充生产资金，就可以找一家主办银行牵头，对集团公司统一提供贷款，再由集团公司对协作企业提供必要的资金，当地银行配合进行合同监督
典当贷款	典当是一种临时性贷款，其以实物为抵押，以实物所有权转移的形式取得。与银行贷款相比，成本高、贷款规模小，但也具有一定的优势。首先，典当行对客户的信用要求几乎为零，只看重典当物品是否货真价实；其次，典当行可以动产与不动产质押二者兼为
知识产权质押贷款	知识产权质押贷款是指，民营企业以合法拥有的专利权、商标权、著作权中的财产权，经过评估，向银行申请融资。当然，专利权等知识产权的实施与变现有着一定的特殊性，如今只有少数银行对部分民营企业提供此项便利，由企业法定代表人加保
票据贴现贷款	票据贴现贷款是指，票据持有人将商业票据转让给银行，取得扣除贴现利息后的资金。在我国，商业票据主要是指银行承兑汇票和商业承兑汇票。这种贷款方式，银行主要依据市场情况（销售合同）来贷款

目前，普通民营企业贷款融资的主要来源有三个：银行、典当行和民间借贷。

2. 小微贷

所谓小微信贷是指，小微企业的信贷业务。小微企业的信贷需求具有“短、小、频、急”的特点，类似于零售贷款，对资金流动性的要求更高。

小微企业从银行贷款的优点：①费用很少。跟其他融资工具相比，银行贷款成本最低，利率独具优势。银行贷款的利率取决于具体情况，企业贷款利率高于小企业贷款优惠利率；信用等级低的企业贷款利率，可能高于信用等级高的企业贷款利率；中长期贷款利率高于短期借款利率等。②资金来源稳定。银行实力雄厚，资金充足，资金来源也比较稳定。小企业的借款申请，只要通过了银行审查，与银行签订了贷款合同，并满足了贷款的发放条件，银行就能及时向企业提供资金，满足企业的融资需求。

3. 企业债权融资

所谓债权融资是指民营企业跟债权人借钱，进行融资。通过这种方式获得的资金，企业不仅要支付资金利息，借款到期后还要偿还本金。这种方式，能够提高企业所有权资金的资金回报率，发挥出一定的财务杠杆作用，同时，债权人只能在特定的情况下对企业进行控制和干预，不会引发控制权问题。

民营企业债权融资，主要方式有六大类：

（1）金融机构贷款。这种方法较容易达到融资的目的，具体方式有：票据贴现、短期借款、中期借款和长期借款。但是，要想大量及时地取得银行等金融机构的贷款却非常困难，因为贷款人都很重视资金的安全性。

（2）租赁。所谓租赁就是将商品信贷和资金信贷结合起来。对需方企业来讲，能够利用租赁业务“借鸡生蛋，以蛋还钱”，解决企业的资金问题，减少资金占用，发展生产，提高效益。

（3）商业信用。具体方式是：通过企业间的商业信用，利用延期付款的方式，购入民营企业需要的产品；或利用预收货款、延期交付产品等方式，获得短期资金。

（4）私人信用。主要是指民营企业老板的私人信用，即民间的私人借款。这种方式虽然最不规范，却是民营企业使用最普遍的。

（5）从资本市场融资。为了融资，民营企业还可以在金融市场发行债券，可以满足筹集长期资金的需要。

（6）利用外资。其形式主要有卖方信贷、买方信贷、补偿贸易、外国政府贷款、国际金融机构贷款等。

4. 私募债券融资

企业私募债券也叫公司债券，是企业依照法定程序发行、约定在一定期限内还本付息的有价证券，代表了发债企业和投资者之间的债权债务关系。债券持有人虽然不参与企业的经营管理，但有权按期收回约定的本息。在企业破产清算时，债权人优先于股东享有对企业剩余财产的索取权。企业债券是一种有价证券，可以自由转让。

二、抵质押融资

1. 股权质押融资

股权质押又叫股权质权，指的是出质人用自己的股权作为质押标的物来进行质押。民营企业利用这种方式进行融资，不仅能够节省融资成本，还可以认识到其股权价值，有效防范股权质押融资过程中的风险，继而形成良性循环。

民营企业股权质押融资有哪些优势呢？

（1）依托产权市场平台，股权质押融资平台方便快捷。产权交易市场是适合民营企业发展的一级资本市场层次，能够帮助开展民营企业股权质押融资，有着明确股权、股权托管、定价、价格发现、信息披露、融资中介的综合智能。

（2）有一定的政策支持。为了帮助民营企业快速发展，各地方政府相继制定下发有关股权集中登记托管、利用股权进行质押融资的优惠政策。

2. 存货质押融资

存货质押融资是指，需要融资的企业（即借方），将自己的存货做质物，向资金提供企业（即贷方）出质；同时，将质物转交给具有合法保管存货资格的物流企业（中介方）进行保管，获得贷方贷款。目前，我国主要的存货质押融资模式有三种，如表 1–3 所示。

表 1–3 我国主要的存货质押融资模式类型

模式	说明
存货质押授信	存货质押授信是存货融资中最基础的产品，是指借款企业以自有或第三方合法拥有的动产作质押的授信产品。存货质押授信分静态和动态两种。静态存货质押授信要求比较苛刻，不允许客户以货易货，只能以款易货；在现实的生产交易中，企业的货物流动比较频繁，静态质押授信会严重约束企业的正常运作。因此，静态质押授信往往很少使用

续表

模式	说明
融通仓	融通仓与存货质押授信最大的不同在于存货的监管地。存货质押授信中存货的监管地一般是在借款企业的生产地，监管公司派专员在实地监管。融通仓是指货物的监管地不在借款企业，而是在第三方的仓库
统一授信	存货融资，质押贷款手续复杂、所需时间长，银行需要采用统一授信的方式。统一授信就是：银行根据长期合作的物流企业的规模、管理水平、运营情况把贷款额度直接授信给物流企业；之后，物流企业根据客户的运营情况和担保物给予贷款，并利用客户存放在监管仓库的货物作为反担保

3. 有价证券融资

证券融资是资金盈余单位和赤字单位之间以有价证券为媒介实现资金融通的金融活动。这种金融活动的基本形式是：资金赤字单位在市场上向资金盈余单位发售有价证券，募得资金，资金盈余单位购入有价证券，获得有价证券所代表的财产所有权、收益权或债权。证券持有者若要收回投资，可以通过市场将证券转让给其他投资者。证券可以不断地转让流通，使投资者的资金得以灵活周转。

4. 经营性贷款融资

经营性贷款就是以民营企业主或个体工商户为服务对象的融资产品，借款人可以通过房产抵押等担保方式获得银行贷款，贷款资金用于其企业或个体户的生产经营需要。

这种贷款方式有以下优点：

（1）贷款额度高。比如：招商银行的个人经营性贷款的金额最高可达 3000 万元；中国工商银行为 1000 万元。

（2）贷款期限长。一般授信最长的可达 10 年，单笔贷款最长可达 5 年。

（3）担保方式多。可以采用质押、抵押、自然人保证、专业担保公司保证、市场管理方保证、联保、互保、组合担保等灵活多样的担保方式。

（4）具备循环贷款功能。此类贷款一次申请，循环使用，随借随还，方便快捷。

5. 专利技术融资

与传统行业中的设备融资租赁具有类似性，在租赁期间，承租方获得知识产权的除所有权外的全部权利，包括各类使用权和排他的诉讼权。租赁期满，若知识产权尚未超出其有效期，根据承租方与出租方的合同约定，确定知识产权所有权的归属。知识产权的融资租赁在中国内地区域属于尚未开拓的全新融资方式。

6. 预期收益融资

是指企业的股东愿意让出部分企业所有权，通过企业增资的方式引进新的股东，同时使总股本增加的融资方式。《担保法》第六十三条规定："本法所称动产质押，是指债务人或者第三人将其动产移交债权人占有，将该动产作为债权的担保。债务人不履行债务时，债权人有权依照本法规定以该动产折价或者以拍卖、变卖该动产的价款优先受偿。"

7. 补偿贸易融资

补偿贸易融资是指国外向国内公司提供机器设备、技术、培训人员等相关服务等作为投资，待该项目生产经营后，国内公司以该项目的产品或以商定的方法予以偿还的一种融资模式。基本形式为：

（1）直接产品补偿。即以引进的设备和技术所生产出的产品返销给对方，以返销价款偿还引进设备和技术的价款。该种方式要求生产出来的产品在性能和质量方面必须符合对方要求，能够满足国际市场需求标准。

（2）其他产品补偿。企业不是以进口设备和技术直接生产出的产品，而是以双方协定的原材料或其他产品来抵押偿还设备和技术的进口价款。

三、企业信用融资

所谓企业信用融资是以企业自身的信用条件为基础，通过银行贷款、发行债券等方式，筹集资金。主要特点是，不论项目的未来盈利能力如何，只要能按期还本付息就行。

通过企业信用融资，基本期限都比较固定，虽然信用融资期限也分为短、中、长期三种，但因为商业承兑汇票的属性，其为固定期限；在企业背书中，常见的是3~6个月的期限，最长的为1年。同时，利用企业信用融资额度也有一定的限制。目前，市面上多数金融机构接受的票据面额不会超过100万元，融资期限多数是3~6个月。

期限短，企业资金周转更灵活，放款速度比较快。因此，从目前众多的企业融资方式来看，企业信用融资是一种真正意义上的快速、便捷的融资渠道。

四、融资租赁

融资租赁是国际流行的一种金融创新工具，融资门槛低，条件优惠，财务风险低，是民营企业融资的新选择，促进了民营企业融资难的问题解决。

1. 融资租赁切入民营企业的优势

融资租赁，设备的所有权与使用权分离，在租赁期内，设备所有权归出租人，承租人只能享有设备使用权，出租人承担的风险较小。因此，不同于银行等金融机构，出租人不强制要求企业提供房屋、土地等标准抵押物，只要企业有足够的现金流用以支付租金，就能得到出租人的融资支持。

而且，相对于银行贷款的严格审查与层层审批，融资租赁对民营企业的资信要求较低，申请程序简便，信用审查主要限于融资项目本身。因此，采取融资租赁的方式，能有效降低民营企业的融资难度，提高融资效率。

从中长期贷款来看，民营企业采用银行贷款购买设备，会有一些限制性条款，会变相提高贷款的实际利率，加大融资成本。而融资租赁则是一种组合性服务，租金中包含了项目评估费用、设备采购与服务所产生的费用和保险费等，且企业支付的租金还能作为增值税进项抵扣，如此也就降低了民营企业实际承担的融资成本。

同时，融资租赁还能进一步降低民营企业的财务风险。融资租赁的期限相当于设备的使用年限，或略小于设备的使用年限，能够为民营企业提供长期稳定的融资来源，在一定程度上降低企业资金链断裂的风险。同时，民营企业还能采取分期偿付方式，根据自身现金流的情况，制订适合自己的还款计划。

此外，融资租赁还能推动民营企业技术改造进程，提升竞争力。民营企业技术改造，需要足够的资金支持，依靠自身积累进行技术改造，不仅占用资金多，速度也很慢，采用融资租赁方式，使用较少的资金，就能超前使用先进的技术设备，提高企业的研发能力。

2. 民营企业融资租赁的重要性

（1）有助于民营企业提高竞争力。产业结构的调整、经营模式的转变，在很大程度上取决于企业能否捕捉到市场先机，并引进先进的技术和设备，提高产业层次和科技含量，而这些都需要足够的资金。

根据我国国情，民营企业不可能从现有的融资渠道上获取大量的中长期资金，融资租赁却可以解决这个难题，主要原因有二：A. 在融资租赁过程中，民营企业不需要一次性支付巨额资金添置设备，只要支付少量租金，大大减少了企业在设备更新中的资金投入。B. 融资租赁中的资产大部分是技术含量较高的先进设备，承租人有权选择设备类型和制造商，租赁期满，有权续租和低价购入租赁物，如此，就能使民营企业加快技术改造和设备更新的步伐，提高产品的科技含量，真正转“危”为“机”，最后推动民营企业的技术创新。

民营企业大多技术水平低，研发能力弱，使用融资租赁等方式，就能获得先进的设备和技术，促使科技人员进行技术创新，增强其技术开发能力，促进产品的更新换代，提高市场竞争力。

（2）有利于缓解民营企业融资难。民营企业一般都基础薄弱、信誉差、经营风险大、偿债能力低，存在较大的资金缺口，且缺乏通畅的融资渠道，一直以来，融资难都是一个世界性的难题。

商业银行，需要考虑其效益和经营风险，对民营企业的贷款非常有限；民营企业直接上市融资门槛太高，多数不具备上市条件；私募资金风险大、成本高，很不规范……作为一种新的融资方式，融资租赁可以让民营企业筹集到所需资金。

融资租赁以固定资产、无形资产为主要对象，以融资为目的，是融资与融物相结合的产物。民营企业只要支付少量的租金，就能得到资产的使用权，既能解决它们对中长期资金的需求，又可满足其生产经营的需要。

（3）可以促进民营企业提高经济效率。融资租赁有助于缓解民营企业的现金支付能力，促进其经济效益的提高。主要表现在：

一是民营企业进行融资租赁所支付的租赁费，既包括设备价款，也包括设备采购过程中的运杂费、保险费等相关费用。租赁费可以在整个租赁期内分期支付，与一次性购买设备相比，现金支付压力要小得多。

二是融资租赁过程中，承租人以租赁物为担保，既不需要其他资产做抵押，也不需要担保公司进行担保，省去了大量的担保费用。

三是融资租赁是一条融资的捷径，还可以享受一定的税收优惠。租赁项目可以享受加速折旧，企业在租赁前期，就能降低所得税费用，延迟纳税，并为企业调结构、产业升级提供便利。如果租赁资产是出租方从国外租入后再转租给民营企业，民营企业还可以享受他国税收优惠，有效降低租金水平，规避他国出口限制。

3. 民营企业融资租赁存在的问题

如今，民营企业融资租赁存在的问题主要有：

（1）抵押担保内容多。针对信息缺少透明的民营企业来说，在申请贷款的过程中，金融机构出于自身利益的考虑，必然要求民营企业进行一定物品的抵押和担保。目前，银行机构添加了抵押以及担保贷款占比，同时仅接受房屋或者土地等物品的抵押。民营企业自身运营规模较低，能够抵押的物品较少，加剧了民营企业融资难度。

（2）资金获取渠道单一。直接融资方式对资金应用者相关要求比较严谨，如今我国相关部门还没有结合资金市场发展情况，制订完善的民营企业融资规划体系，民营企业步入资本市场实现直接融合，难度相对较高，大部分民营企业无法对此问题进行全面处理，进而转变为间接融资。但从间接融资方面来说，企业资金获取渠道比较单一。

（3）信息的不对称。如今，多数民营企业融资时信息不对称，融资方民营企业和投资者银行等金融机构，不管在资产方面还是运营方面，都存在信息差异。民营企业信息集成不完善、信息披露不充分等问题，让信息不对称现象与道德风险等同样严峻。

4. 民营企业融资租赁中的应用对策

要想提高融资租赁的效果，民营企业就要提升使用权利观念。

目前，在运用发展过程中，多数民营企业都异常重视融资租赁使用权，这也是促使企业发展的主要依据。民营企业只要树立良好的融资租赁使用权意识，明确实现资金的合理应用，就能取得良好的资金效益。可是，只有将融资租赁的作用充分发挥出来，民营企业才能得到全面发展。因此，融资租赁企业要不断创新自己的运营理念，提高为民营企业运营服务的理念，把私营运营和民营企业融资租赁有效结合起来，给民营企业融资提供条件。

融资租赁是我国大部分民营企业应用的一种融资形式，已经发展成非银行机构之外的另一种融资方式。这种融资方式被民营企业广泛应用，可以全面解决企业融资难的问题。但在此环节中，民营企业应结合自身真实状况，了解融资租赁企业的作用，树立合理的权限理念，优化法律机制，扩充民营企业融资渠道，推动民营企业的健康发展。

五、商业保理

2019 年 4 月，中共中央办公厅、国务院办公厅印发了《关于促进民营企业健康发展的指导意见》，明确指出，要积极拓宽民营企业的融资渠道，研究促进民营企业依托应收账款、供应链金融、特许经营权等进行融资。

如今，商业保理已经成为供应链金融中发展最快的行业。随着贸易的信用化，信用交易比例的提高，商业保理完全可以为供应链条上的民营企业提供更高效、便捷和专业的融资服务，缓解民营企业融资难、融资贵等问题。

所谓商业保理，是指基于买卖双方的交易关系，卖方将其现在或将来与买方订立的货物或服务贸易合同所产生的应收账款转让给保理商，保理商为买卖双方提供服务，包括：贸易融资、商业资信调查与信用评估、应收账款管理、账款催收和坏账担保等。

1. 商业保理的运行模式

目前，我国商业保理共有两种运行模式，如表 1–4 所示。

表 1–4 我国的商业保理运行模式种类

模式	说明
由卖方发起的保理	由卖方发起保理，主要目的是掌握资金的来源。这种保理模式对流程的控制，与银行保理有一定的相似性，虽然保理商会对卖方信息进行核定，却无法确保各买方都有支付意愿及能力，因此为了消除个别买方存在的不确定性，为了平衡或抵销个别买方的损失，保理商就必须通过其他买方回款来确保账款自偿性
由买方发起的保理	很多银行称之为“反向保理”。这种模式比较容易控制银行贷款的风险，不仅能满足民营企业短期资金的需求，还能增强民营企业生产的稳定性和品质保证，有利于供应链的持续高效运作

2. 民营企业选择商业保理的条件

要想使用商业保理，民营企业必须具备以下条件：

（1）应收账款不符合银行保理要求。银行保理是一项集贸易融资、商业资信调查、应收账款管理及信用风险担保于一体的新兴综合性金融服务，但在实际操作中，银行保理更侧重于融资。因此，办理业务时，银行会严格考察卖家的资信情况。企业只有具备足够的抵押支持，在银行有一定的授信额度，才能进行，民营企业通常达不到银行的标准。商业保理机构更注重提供调查、催收、管理、结算、融资、担保等一系列综合服务，商业保理更专注于某个行业或领域，能够为客户提供更有针对性的服务，看重应收账款质量、买家信誉、货物质量等，能够完全转移无抵押和坏账风险。因此，只要企业通过商业保理的形式把债权转嫁给保理公司，就可以盘活账款，提高现金流的使用率。

（2）企业规模小，担保资源不足。民营企业通常都规模小、经营不稳定，缺少担保机构为其担保。比如，食品加工、农副产品、畜牧相关产业等中小型企业，都是依靠劳动力进行运作的劳动密集型企业，这类企业有一个共同的特点，就是不稳定，利润受市场渠道和自然环境的影响，经营的风险性极大。同时，这些企业主要依靠劳动力运作，需要众多就业人员，但对科学技术的含量要求相对较低，产品的附加值较低。

在生产中，这类企业往往都存在一定的季节性问题，生产周期较长。投资成本高、资金回收和周转速度低的企业，多数享受不到股票、证券等金融机构的服务。同时，担保机构制度不完善，虽然有些地方已经建立了担保机构，但依然无法对民营企业的劣势进行担保，融资比较困难。

（3）企业缺少可抵押的资产。民营企业融资困难，除了生产环节上的内部原因外，还存在许多外部原因。民营企业多数是劳动力密集型企业，配套设施都不足，也就是说，企业用来作担保抵押的资产不足。目前，为了降低自身的营业风险，对于民营企业的贷款，多数金融机构需要企业以固定资产作为抵押，而多数民营企业无法满足这一条件。

民营企业配套设施不足，缺少相关担保，信用等级较低，可是按照担保机构的制度规定，只有信用等级达到 A 级信用标准，才能进行融资担保，而多数民营企业的信用等级达不到 A 级标准，如此就形成了民营企业与担保机构的主要矛盾。

简而言之，民营企业规模小，贷款额度小，盈利小，无法给银行带来可观的回报；同时，企业比较零散，个体情况千差万别，行业分布复杂，银行为它们提供服务，无法形成规模效应。商业保理企业的诞生，正好可以解决这个问题，民营企业融资也就有了可行的方法。

3. 商业保理的发展对民营企业的意义

民营企业面临的问题异常复杂，商业保理的发展虽然不能从政策层面和市场环境角度解决民营企业发展遇到的瓶颈，但可以从信用风险控制和贸易融资等方面为民营企业提供支持，更有利于民营企业专注于研发、生产，更能吸引客户、拓展市场。

（1）转嫁收款风险。根据卖方的需要，保理商可以为他们提供信用风险控制和坏账担保服务。在与买方签订合同之前，卖方会先与保理商签订保理协议，由保理商对买方的背景、实力等进行调查，并对信用销售额度进行核查；对于卖方在已核准信用额度内的供货所产生的应收账款，保理商提供 100% 的坏账担保。

也就是说，因买方的资信原因如破产、倒闭、无力支付等发生拒付，由保理商承担付款责任。如此，卖方把收款的风险转嫁给保理商，就不用担心由于买方的信用风险而造成货款无法收回了。

（2）减少应收账款管理和催收的负担。大企业一般都设有专门的财务部门，能够对应收账款进行管理和催收。但是，民营企业由于自身的条件限制，往往只配备 1~2 名财务人员，甚至兼职财务。当企业业务量逐渐增加时，应收账款也会相应增长。这部分应收账款对应不同的买方和收款期，管理起来不太容易。

保理服务主要为民营企业提供应收账款管理和催收等服务，卖方将其应收账款的管理权授予保理商。利用完备的账户管理系统，保理商就能为卖方的销售设立分户账，进行记账、催收、清算、计息收费、打印账单等工作，定期向出口商提供应收账款的回收情况、逾期账款情况、信用额度变化情况等统计报表。如此，企业就能集中精力进行产品的研发、生产和销售。

（3）利用信用销售等方式吸引客户。有了商业保理的支持，卖方就能向买方提供信用销售，就能提高市场竞争力，有利于市场的开拓。在信用销售下，卖方的收款期虽然延长，但商业保理公司会向其购买应收账款并支付货款，卖方就能快速回笼资金。比如，规模相同的民营企业，通过保理服务，就能接下比以前大几倍的订单，与买方建立起稳定的关系，有利于市场的稳定和开拓。

（4）加快资金周转速度。保理商为企业提供无追索权的融资服务，出口商可以将该融资作为正常的销售收入。在资产负债表上直接表现为应收账款减少，现金增加，财务状况得以改善。即使是有追索权的保理融资，通过保理商购买应收账款也可以使企业迅速回笼资金，进行下一轮的生产和销售。

4. 民营企业商业保理的对策

要想进行商业保理，民营企业就要加强以下几方面工作：

（1）规范财务管理。为了控制合作风险，在与民营企业合作的过程中，商业保理企业应达成相关协议，提高企业财务规范化。只要与民营企业签订银企互联协议，将民营企业银行账户与保理公司银行账户互联，商业保理公司就能通过网银对民营企业的资金流动进行实时监控。

目前，国内很多商业银行已经推出了这种业务，如工商银行、招商银行、中国银行、建设银行等，它们各有特色。商业保理公司内部设有专门的财务专业人员，主要工作是对民营企业财务数据进行分析；要求融资的应收账款全部回流到公司账户，不能打入个人账户。

（2）为保理资产购买保险。目前，国内一些保险公司已经推出了关于应收账款方面的保险，为了更好地规避坏账风险，商业保理公司可以跟相应的保险机构洽谈购买保险事宜。为了鼓励保理公司投保，一些地方政府也出台了相关规定，例如：上海市浦东新区人民政府浦府〔2015〕152 号文，规定："为增强商业保理重点企业风险控制能力，支持商业保理重点企业购买适用的责任保险、信用保险等产品，对其支付给保险公司的最终保费给予最高不超过 50% 的补贴。"

（3）开发智能应收账款管理系统。民营企业应收账款分散、核算量很大，仅靠传统的人力，不仅成本很高，效率也极低，还容易出错。借助互联网技术的兴起和发展，为了减少人工核算，商业保理企业完全可以开发专门的应收账款管理系统，把民营企业的申请授信、尽调、资料审核、放款、款项回收、利息核算、手续费核算及尾款清分等全部放到互联网线上执行，全程自动化。

（4）提供个人担保或抵押。民营企业规模小，轻资产，高度灵活，公司资金易被经营者或实际控制人挪用，商业保理公司对其控制有限，为了更好地合理控制风险，更好地保护保理资产安全，实际控制人或经营者就要提供无限连带责任担保或个人名下固定资产抵押。

（5）规范企业经营。民营企业经营不规范，商业保理公司内部专业人士可以对其进行规范化培训；对民营企业的不合规合同，能够进行重新梳理，制定合法合规的合同。如此，不仅可以规范民营企业的经营，还能使保理资产合法化，帮助或提醒民营企业合法经营。

六、资产典当融资

所谓典当，就是以实物为抵押，以实物所有权转移的形式取得临时性贷款。与银行贷款相比，这种方式成本高、规模小，但也有银行贷款所无法比拟的优势。

（1）典当行对客户的信用要求几乎为零，只注重典当物品是否货真价实。同时，典当行既可以做动产质押，也可以做不动产抵押。

（2）到典当行典当物品的起点低，千元、百元的物品都可以当；注重对个人客户和民营企业服务。

（3）手续简便，多数立等可取，即使是不动产抵押，也比银行便捷许多。

（4）客户向银行借款时，用途不能超越银行指定的范围；而典当行则不问贷款的用途，钱使用起来十分自由，周而复始，大大提高了资金使用率。

七、BOT项目融资

1.BOT融资

BOT融资方式在我国称为“特许权融资方式”，指的是，国家或者地方政府部门通过特许权协议，授予签约方的外商投资企业(包括中外合资、中外合作、外商独资)承担公共性基础设施(基础产业)项目的融资、建造、经营和维护；在协议规定的特许期限内，项目公司拥有投资建造设施的经营权，允许向设施使用者收取适当的费用，由此回收项目投资、经营和维护成本并获得合理的回报；特许期满后，项目公司将设施无偿地移交给签约方的政府部门。

2. 项目包装融资

项目包装融资是指，对融资项目根据市场运行规律，经过周密的构思和策划进行包装和运作，要求项目包装具有创意性、独特性、包装性、科学性和可行性。

任何项目的融资都要按市场经济规律办事，比如：该项目是否具有市场效益和发展前景，是朝阳产业还是夕阳产业，能否在短时间内见效益……每个投资者都会做可观的成本核算，最终做出是否投资的决策。所以，项目包装的最终目的就是要让投资者在很短的时间内选择好项目。

项目包装中最核心的部分是可行性研究的内容，具体内容如表1–5所示。

表 1–5 项目包装中可行性研究的主要内容

内容	说明
项目名称	包括：项目规模、产品、合作方式、初步提议投资方的出资比例等。应注意项目名称与国际通用标准一致，许多化工、高科技产品，在使用和翻译过程中，一旦出现差错，就会造成误解和不必要的麻烦
合作伙伴	包括：合作伙伴的历史、经营现状、发展战略以及主要经理人员的重要履历等
项目现状	包括：项目是否立项及批准部门，支持项目的法律、法规和经济政策
市场预测	包括：现有产品的市场、未来 3~5 年市场占有率的科学预测、合资产品的内销及出口比例预测、产品经销网络的具体说明和营销战略
项目前景	包括：时代发展主题、行业发展趋势、未来可预期相关因素的影响对项目的盈利前景、营销前景的影响等
投资概算	包括：各方的出资列项及比例，重点是编制资金筹措表、总投资费用支出预算表和建设投资估算表
财务预测	包括：项目计算期、折旧费、经营收入、经营成本、经营税金及附加、利息等财务预测前提，以及投资回收期、净现值、投资回报率、年内部收益率等财务结论
基础设施及其他条件	包括：项目所在地的支柱行业、工农业产值、进口状况及与项目相关的交通运输、水电等
融资需求及项目合作方式	包括：建议融资方式、项目合作方式、合作或管理方式、投融资流程表等

八、资产流动融资

1. 留存盈余融资

留存盈余融资是企业内部融资的重要方式。民营企业的收益分配包括向投资者发放股利和企业保留部分盈余两个方面，企业利用留存盈余融资，就是对税后利润进行分配，确定企业留用的金额，是为了投资者的长远增值目标服务。

股利政策对于公司筹措资金决策非常重要。股利政策包括是否发放股利、何时发放股利、发放何种形式的股利、股利发送数量多少等。如果这些问题处理得当，就会直接增加企业积累能力，吸引投资者和潜在投资者投资，增强其投资信心，为企业的进一步发展打下良好的基础。

在进行股利分配的实务中，采用的股利政策主要有五种，如表 1–6 所示。

表 1-6 股利分配中采取的股利政策

种类	说明
剩余股利政策	是指公司较多地将盈余用于增加投资者权益（即增加资本或公积金），只有当增加的资本额达到预定的目标资本结构（最佳资本结构）时，才将剩余的盈余向投资者分配。实行这种政策主要是考虑到未来投资机会的影响，即当公司面临良好的投资机会时，在目标资本结构的约束下，最大限度地使用留存收益来满足投资方案所需的自有资金数额
固定股利政策	是指公司在较长时期内将分期支付固定的股利额，股利不随经营状况的变化而变动，固定股利有利于公司树立良好的形象，有利于公司股票价格的稳定，增加投资者对公司的信心。但是这种股利政策会导致股利支付与公司盈利能力脱节。当盈利较低时仍要支付较高的股利，容易引起公司资金短缺，财务状况恶化
固定股利支付率政策	是指公司确定一个股利占利润的百分比，长期按此百分比支付股利的政策。由于公司的盈利能力在年度间是经常变动的，因此每年的股利也应随着公司收益的变动而变动，保持股利和利润间的一定比例关系。但是，股利通常被认为是公司未来前途的信息来源，各年的股利变动较大，极易给人留下一种公司不稳定的印象，不利于稳定股票价格
稳定增长的股利政策	是指公司保持股利额逐渐低速上升，即使利润减少，股利也照样上升而并不减少。在此政策下，每股股利呈梯形上升趋势，因此这种股利政策又被称为梯形上升股利政策。特点是：无论公司经营好坏，都不降低年度股利的发放额，而将公司每年的每股股利固定在某一水平上保持不变，当公司认为未来盈余将会显著地增长时，公司就提高每股股利支付额
正常股利加额外股利政策	是指公司一般情况下每年只支付固定的、数额较低的正常股利，在盈余多年的年份，再根据实际情况向股东发放额外股利（又称“红利”）。但额外股利并不固定化，支付额外股利并不意味着公司永久地提高了规定的股利支付率。这种股利政策受到不少公司的欢迎，特别是那些各年盈余变化较大且现金流量较难把握的公司

2. 产权交易融资

产权融资对于当前的民营企业具有相当重要的意义：在社会主义市场经济体制下，有利于企业调整产业结构和产品结构，实现产业结构合理化；有利于资产存量调整，缓解资产增量的资金不足；有利于人力资源的挖掘，解放和发展企业生产力。

产权交易是企业财产所有者以产权为商品进行的一种市场经营活动，可以通过以下方法来交易：

（1）购买式。企业法人通过议价或竞价方式，出资购买另一企业全部或部分产权。

（2）承担债务式。如果被转让企业的资产和债务等价，另一企业就能以承担被转让企业债务为条件接受其资产。

（3）吸收进股式。被转让企业的资产所有者将被转让企业的净资产作为股金投进另一企业，成为另一企业的股东。

（4）控股式。一企业通过购买其他企业的股权，达到控股，成为被控股企业的产权法人代表。

（5）承担安排全部职工。一企业以承担为另一企业全部职工安排生产生活为条件，接受其全部资产。

产权交易最大的优势在于，能够得到当地政府的大力支持，对当地企业的情况比较熟悉，各地的产权交易所已经形成区域性和全国性的网络。

九、资产信托融资

信托融资是指，委托人基于对受托人的信任，将其财产权委托给受托人，由受托人按委托人的意愿以自己的名义，为受益人的利益或者特定目的，进行管理或者处分的行为。信托包括信托贷款和股权信托两种方式。

根据《中华人民共和国信托法》第七条的规定："设立信托，必须有确定的信托财产，并且该信托财产必须是委托人合法所有的财产。本法所称财产包括合法的财产权利。"与其他融资方式比较，信托融资方式具有以下特点：

1. 融资速度快

信托产品筹资周期较短，与银行和证券的评估、审核等流程所花时间成本相比，信托融资时间由委托人和受托人自主商定即可，发行速度快，短的不到3个月。

2. 融资可控性强

我国法律要求设立信托之时，信托财产必须与受托人和委托人的自有资产相分离。这使得信托资产与融资企业的整体信用以及破产风险相分离，具有局部信用保证和风险控制机制。银行信贷和证券发行都直接影响企业的资产负债状况，其信用风险只能通过企业内部的财务管理来防范控制。

3. 融资规模符合民营企业需求

信托融资的规模往往有限，这一特点与民营企业的融资需求相吻合。民营企业由于经营范围和规模较小，对所融资金的需求量也有限。因此，资金募集的水平同民营企业的融资需求相对应，信托的成本对于民营企业来讲也处于可以接受的范围内。

第四节 我国多层次资本市场

在资本市场上，投资者与融资者不同，规模大小与主体特征也都不同，如此也就对资本市场金融服务提出了不同的需求，因此资本市场应该是一个多层次的市场经济体系，如图 1–1 所示。

图 1–1 多层次资本市场

党的十八大报告提出：要深化金融体系改革，健全促进宏观经济稳定、支持实体经济发展的现代金融体系，加快发展多层次资本市场。党的十八届三中全会确定：完善金融市场体系——健全多层次资本市场体系，推动股票发行注册制改革，发展并规范债券市场，提高直接融资比重。多年来，资本市场不断推出新的市场和产品，一个多层次资本市场体系已基本形成，为企业融资和发展提供了全方位的资本市场平台，资本市场功能不断增加。

多层次资本市场又可以分为广义和狭义多层次资本市场两类。

关于广义上的多层次资本市场，如图 1-2 所示。

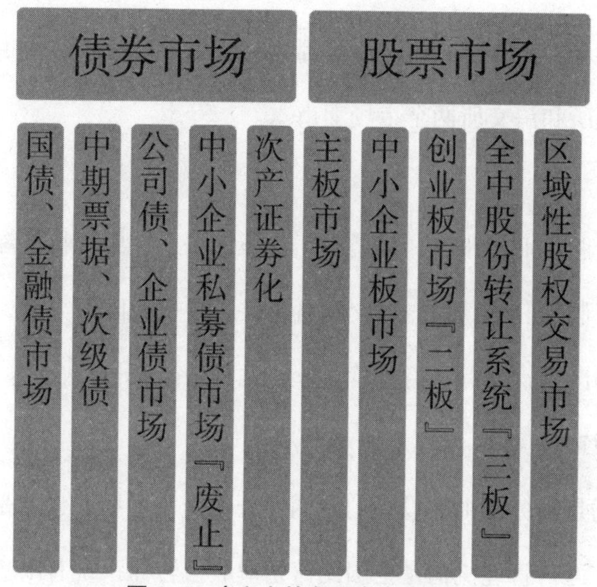

图 1-2 广义上的多层次资本市场

有关狭义上的多层次资本市场，如图 1-3 所示。

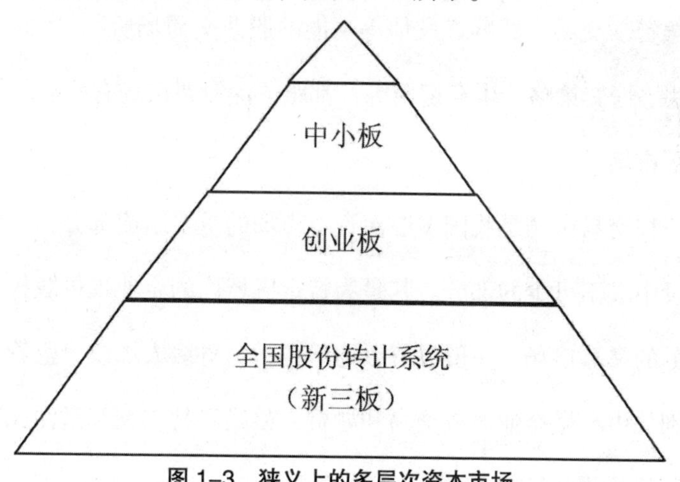

图 1-3 狭义上的多层次资本市场

从 20 世纪 90 年代发展至今，我国多层次资本市场已经具备了四个完整的层次，分别是：主板(一板，含中小板)、创业板(二板)、全国民营企业股份转让系统(新三板)、区域性股权交易市场(四板)。

一、主板市场

主板市场也叫作一板市场，是国家或地区证券发行、上市及交易的主要场所，指的是传统意义上的证券市场(通常指股票市场)。中国大陆主板市场的公司，主要在上交所和深交所两个市场上市。

二、二板市场

二板市场也叫创业板市场，地位次于主板市场，在中国特指深圳创业板。在上市门槛、监管制度、信息披露、交易者条件、投资风险等方面，二板市场和主板市场有较大的区别，能够扶持民营企业，尤其是高成长性企业。

三、新三板市场

新三板市场是国务院批准设立的全国性证券交易场所，也就是全国民营企业股份转让系统，运营管理机构是全国民营企业股份转让系统有限责任公司。

由于新三板市场的定位是“以机构投资者和高净值人士为参与主体，为中小微企业提供融资、交易、并购、发债等功能的股票交易场所”，因此，其市场生态、研究方法、博弈策略、生存逻辑等，都跟沪深股票市场有着显著的区别。

四、四板市场

区域性股权交易市场是我国多层次资本市场的重要组成部分，是中国多层次资本市场建设中必不可少的部分。其是为特定区域内的企业提供股权、债券的转让和融资服务的私募市场，一般以省级为单位，由省级人民政府监管。不仅能够促进企业特别是中小微企业股权交易和融资，鼓励科技创新和激活民间资本，还能支撑实体经济的薄弱环节。

截止到 2016 年 9 月，全国已经建立 40 家区域性股权交易市场，著名的有前海股权交易中心、厦门两岸股权交易中心、北京股权交易中心、上海股权托管交易中心、江苏股权交易中心、广州股权交易中心、青海股权交易中心、天津股权交易所、齐鲁股权托管交易中心、武汉股权托管交易中心等。

区域性股权打造蓝筹股行业龙头企业，而对于主板、中小板、创业板，以及新三板，上市或挂牌条件都是不同的，对比分析如表 1–7 所示。

表 1–7 企业上市或挂牌条件对比分析

	主板、中小板	创业板	新三板
主体资格	股份公司，设立满三年	股份公司，设立满三年	股份公司，设立满两年
股本要求	IPO 后总股本不得少于 5000 万元	IPO 后股本总额不少于 3000 万元	无要求
盈利要求	最近三年利润均为正数且累计超过 3000 万元 最近 3 年经营活动产生的现金流量净额累计超过 5000 万元，或最近 3 年营业收入累计超过 3 亿元	最近两年连续盈利，净利润累计不少于 1000 万元 最近一年盈利，且净利润不少于 500 万元，最近一年营业收入不少于 5000 万元	无要求
主营任务	3 年内主营业务没有发生重大变化	2 年内主营业务没有发生重大变化 应当主要经营一种业务	业务明确
高管人员	董事、高管 3 年内无重大变化 实际控制人 3 年内无变化	董事、高管 2 年内无重大变化 实际控制人 2 年内无变化	无要求
募集资金	有明确的使用方向，原则上用于主营业务	有明确的用途，且只能用于主管业务	无要求
成长性	具备持续盈利能力，上市后能够实现业绩增长	发行人具有较高的成长性，具有一定的自主创新能力。在科技创新、制度创新、管理创新等方面具有较高的竞争优势	具有持续经营能力
持续督导	券商持续督导期为证券上市当年剩余时间及其后 2 个完整会计年度	券商持续督导期为证券上市当年剩余时间及其后 3 个完整会计年度	主办券商推荐并持续督导

第五节 资本市场融资业务类型

一、股权融资

1. 引进风险投资

风险投资的出现，不仅为贫血的民营企业输送新鲜的血液，还扶持民营企业茁壮成长，但民营企业对引入风险投资还存在很多注意事项。那么，企业引进风险投资有哪些注意事项？

（1）引进最合适的风险投资。民营企业在引进风险投资时，不仅要参考企业发展的实际情况，还要对将要引进的风险投资机构做全面的了解。为了达到融资的目的，就要了解风险投资机构成功案例和所投资行业，了解风险投资机构领导者的从业经历。如果风投机构的成功案例、擅长领域、领导人出身是本企业相同或相关联的行业，就会具有较好的行业积淀。

（2）在最佳时机引进风险投资。民营企业一般都很缺钱，但也绝对不能为了钱而割舍股权。民营企业应该根据自身发展状况，弄清楚自己所处的发展阶段，选择引进风投的最佳时机。一般情况下，消费品、服务业和传统制造业企业在创业早期并不适合引进风险投资，也不具备吸引风险资本的条件，最佳时机是在顺利度过初创期、进入加速发展阶段的时候，会获得更高的估值；而高新技术产业的企业，可以在种子期或起步期引进具有孵化器性质的风投资本，解决企业初期研发和生产所需的资金。

2. 私募股权融资

私募股权融资是相对于股票公开发行来说的，主要是通过股权转让、增资扩股等方式定向引进新股东（人数少于200名），从而获得资金。参与私募股权投资运作链条的市场主体主要包括被投资企业、基金和基金管理公司、基金的投资者以及中介服务机构。如表1–8所示。

表1–8　参与私募股权投资运作的市场主体

市场主体	说明
被投资企业	被投资企业都有一个重要的特性——需要资金和战略投资者。企业在不同的发展阶段需要不同规模和用途的资金：创业期的企业需要启动资金；成长期的企业需要筹措用于规模扩张及改善生产能力所必需的资金；改制或重组中的企业需要并购、改制资金的注入；面临财务危机的企业需要相应的周转资金渡过难关；相对成熟的企业上市前需要一定的资本注入以达到证券交易市场的相应要求；即使已经上市的企业仍可能根据需要进行各种形式的再融资

续表

市场主体	说明
基金管理公司	私募股权投资需要以基金方式作为资金的载体，通常由基金管理公司设立不同的基金募集资金后，交由不同的管理人员进行投资运作。基金经理人和管理人是基金管理公司的主要组成部分，他们通常是有丰富行业投资经验的专业人士，专长于某些特定的行业以及处于特定发展阶段的企业，他们经过调查和研究后，凭借敏锐的眼光将基金投资于若干企业的股权，以求日后退出并取得资本利得
私募股权投资基金的投资者	只有具备私募股权投资基金的投资者，才能顺利募集资金成立基金。资本市场对投资者财力要求较高，其中主要是机构投资者，也包括少部分资金充裕的个人。机构投资者通常对基金管理公司承诺一定的投资额度，但资金不是一次性到位，而是分批注入
中介服务机构	随着私募股权投资基金的发展和成熟，各类中介服务机构也随之成长和壮大起来。其中包括：专业顾问，融资代理商，市场营销、公共关系、数据以及调查机构，人力资源顾问，股票经纪人，其他专业服务机构

3. 股权转让

所谓股权转让是指股东按照相关法律规定把手中的股份转让给他人，使他人成为企业的股东。这种转让是一种物权变动行动，转让后，股东就能将自己对企业发生的权利义务关系全部转移给受让人，让受让人成为企业股东，获得股东权。

按民营企业出让股权的价格与股权账面价格的关系划分，股权出让融资可以划分为溢价出让股权、平价出让股权和折扣出让股权。所谓溢价出让股权是指民营企业在出让股权时，股权出让价格高于股权账面价格；所谓平价出让股权是指民营企业在出让股权时，股权出让价格等于股权账面价格；所谓折价出让股权，是指民营企业在出让股权时，股权出让价格低于股权账面价格。

从出让企业股权比例划分，民营企业的股权出让融资可以划分为出让企业全部股权、出让企业大部分股权和出让企业少部分股权。出让企业大部分股权是指投资者购买了民营企业大部分股权，创业者股东 (老股东) 获得大量现金，并将与新股东共同承担老企业的债权、债务，分享企业的收益。此时企业的总股本虽未产生变化，但股东结构和权利已发生重大变化。出让企业少部分股权是指投资者购买企业少部分股权，创业者股东 (老股东) 获得少量现金，新老股东结构和权利进行调整。企业的管理权可能不产生重大变化，新股东只部分参与企业的管理，创业者能够继续控制公司，领导企业的技术开发和经营管理。

4. 股权置换

股权置换是指目的通常在于引入战略投资者或合作伙伴，不涉及控股权的变更，实现公司控股股东与战略伙伴之间的交叉持股，建立利益关联。股权置换过程中，当事人应注意以下事项：

（1）股权置换的双方必须履行各自公司的董事会批准程序及必要的工商变更登记手续，以及国有资产的评估和审批程序。

（2）应尽量了解置换股权的相关信息，确定是否存在瑕疵。不仅要详细了解双方所要置换的公司股权的结构，还要调查所置换的股权是否存在瑕疵，调查对方公司是否存在虚假出资或抽逃出资的情形。

（3）股权置换目的通常在于引入战略投资者或合作伙伴，不涉及控股权的变更。

（4）确认股权置换的份额后，应请专业的资产评估机构对被收购公司的资产及权益进行评估，出具评估报告。股权置换双方的股权价值以资产评估报告或验资报告确定的公允价值为计价依据。

（5）股权置换过程中，用于生产的固定资产可以抵扣进项税，非货币资产交换中要抵扣还必须提供增值税发票，非生产性用的固定资产不能抵扣进项税。

（6）如果股权转让有差价，要缴纳个人所得税，此时换出的资产就涉及所得税的缴纳。

5. 增资扩股

增资扩股是一种权益性融资方式，具体过程是：民营企业向社会募集股份、发行股票，新股东投资者或原股东增加投资，扩大股权，提高企业资本金。对于有限责任企业来说，则是指企业增加注册资金，新增部分由新股东认购或新老股东一起认购。

货币资金出资时，应注意以下几点：开立银行临时账户投入资本金时，要在银行单据“用途款项来源摘要备注”一栏中注明“投资款”；各股东按各自认缴的出资比例分别投入资金，分别提供银行出具的进账单原件。

以实物出资应注意以下几点：用于投资的实物为投资人所有，且未做担保或抵押；以工业产权、非专利技术出资的，股东或者发起人应当对其拥有所有权；以土地使用权出资的，股东或者发起人应当拥有土地使用权；注册资本中以无形资产作价出资的，其所占注册资本的比例应当符合国家有关规定。有限责任公司全体股东的实物出资金额不得高于注册资本的70%。

二、上市融资

1. 并购重组

所谓并购融资是指民营企业为了兼并或收购目标企业而进行的融资。

根据融资获得资金的来源，可以分为内源融资和外源融资，如表1–9所示。

表1–9 并购重组资金来源的类别

分类	说明
内源融资	企业通过自己的生产经营活动获利并积累得到的资金，主要包括：企业提取的折旧基金、无形资产摊销和留存收益。这种方式资金成本低，但内部供给的资金金额有限，无法满足企业需要的大额资金
外源融资	企业通过一定方式从外部筹集资金，分为债务融资和权益融资。债务融资是企业通过对外举债方式获得资金；权益融资是指企业通过吸收直接投资、发行普通股、优先股等方式取得资金

两种融资方式在融资成本和融资风险等方面存在着明显的差异，会影响到民营企业在并购活动中融资方式的选择。在民营企业并购融资过程中，可以采用的策略有：

（1）风险资本组合。这种策略主要包括：风险资本来源的组合和债务资本、权益资本的组合。前者是指从多家风险投资公司获得融资额，可以降低单个风险投资公司的融资难度，给企业提供多方面的帮助和支持。后者是指债务资本和权益资本都来自于风险资本，利用风险资本的不同参与程度，获得大量风险资本值。

（2）连续抵押。民营企业资产少、贷款难，在并购重组过程中，可以先使用优势企业的资产做抵押，向银行争取适当数量的贷款；并购成功后，再用目标企业的资产做抵押向银行申请新的贷款。

（3）分期付款。常用做法是：优势企业获得目标企业控股地位，用分期付款的方式在一定时间内将款项付清，降低并购重组的规模和难度，在最短的时间里实现并购。

（4）战略合作。在并购过程中，为了筹集资金，民营企业可以引进战略合作伙伴。当然，战略合作伙伴不仅可以提供资金支持，还能提供管理经验、市场消息等帮助。

（5）利用资产。努力挖掘内部潜力，将企业不需要的非金融性有形资产充分利用起来，比如机器设备、厂房、土地、生产线、部门等。

当然，在具体的实际操作时，民营企业应根据自己的具体情况，采取不同的策略。但不管采取哪种策略，目标都是一样的——降低并购重组的金额和融资成本，降低还债压力，保证并购效应的实现。

2. 杠杆收购

杠杆收购又称融资并购、举债经营收购，是一种企业金融手段，指公司或个体利用收购目标的资产作为债务抵押，收购公司。杠杆收购的主体一般是专业的金融投资公司，投资公司收购目标企业的目的是以合适的价钱买下公司，通过经营使公司增值，通过财务杠杆增加投资收益。

应用杠杆收购，一般要按照以下步骤进行：

第一阶段：杠杆收购的设计准备阶段，是由发起人制订收购方案，与被收购方进行谈判，进行并购的融资安排，必要时以自有资金参股目标企业，发起人通常就是企业的收购者。

第二阶段：集资阶段，并购方先通过企业管理层组成的集团筹集收购价 10%

的资金，然后以准备收购的公司的资产为抵押，向银行借入过渡性贷款。

第三阶段：收购者以筹集到的资金购入被收购公司的期望份额的股份。

第四阶段：对并购的目标企业进行整改，获得并购形成负债的现金流量，降低债务风险。

3. 买壳上市

买壳上市又称“后门上市”或“逆向收购”，是指非上市公司购买一家上市公司一定比例的股权来取得上市的地位，注入自己有关业务及资产，实现间接上市的目的。一般而言，买壳上市是民营企业的较佳选择。

买壳上市的工作主要可分为两个阶段：第一阶段是收购公布前的工作，主要涉及收购大股东的股份，所需时间不定，视买卖双方的谈判进度和收购者尽职调查的深入程度和进度而定；第二阶段是收购公布后的工作，主要涉及向其他股东提出全面收购，需按收购与合并守则指定的时间表进行。

企业决策层在决定买壳上市之前，应根据自身的具体情况和条件，全面考虑，权衡利弊，从战略制定到实施都应有周密的计划与充分的准备。

首先，充分调查，准确判断目标企业的真实价值，要从多方面、多角度了解壳公司。

其次，重视传统体制造成的国有公司特殊的债务及表面事项，考虑在收购后企业进行重组的难度，重视上市公司原有的内部管理制度和管理架构，评估收购后拟采取什么样的方式整合管理制度。

最后，考虑买壳方与壳公司的企业文化冲突及其影响程度，考虑选壳、买壳及买壳上市后存在的风险，包括：壳公司对债务的有意隐瞒、政府的干预、中介机构选择失误、壳公司设置障碍等。

4. 境内外 IPO

IPO 是指股份公司首次向社会公众公开招股的发行方式，包括境内 IPO 和境外 IPO。

（1）境内 IPO。我国目前首次公开上市的市场有主板市场、中小板市场和创业板市场。三个市场对于企业上市条件有着不同的规定，例如：股本总额、盈利能力、财务状况等。其中，主板市场要求最为严格。境内 IPO 可以带来较高的收益；为投资者带来信誉、提高知名度；为企业拓宽融资途径易得到更多的资金支持。但《公司法》及上市规则中对股东的股份交易都有一年的锁定期，受到国际资本市场和国内宏观政策等多方面因素的影响，企业和投资者都将面对较大的不确定性；申请上市手续较为烦琐，中介费用也比较高；监管日趋严格。

（2）境外 IPO。比如，美国资本市场比较成熟，纽约股票市值几乎占全世界的 1/2。美国公开上市市场包括：纽约证券交易所、纳斯达克全国板股市以及纳斯达克小板股市。美国证券市场层次丰富适合不同企业的融资需求；融资速度较快；资金丰富且具有冒险精神。再如，新加坡证券市场为长线投资提供了比较稳定的公司融资成长环境，中国企业赴新加坡上市，程序相对简单，时间较短，符合条件的企业可在一年左右的时间实现挂牌交易；上市后再融资灵活、难度低；税收优惠。

5. 定向增发

指的是向有限数目的资深机构（或个人）投资者发行债券或股票等投资产品。发行价格由参与增发的投资者竞价决定，比较灵活，适合融资规模不大、信息不对称程度较高的企业。

定向增发包括两种情形：一种是大投资人（例如外资）欲成为上市公司战略股东、控股股东的；另一种是通过定向增发融资后去并购他人，迅速扩大规模。

定增信托大多数是“募资 + 通道”型，即集合资金信托计划募资后，嵌套一个有限合伙或基金子公司的资管计划，再买入定增股票。如此，可以规避证监会“信托公司作为定向增发发行对象，只能以自有资金认购”的禁令。

6. 股转挂牌

随着社会经济的飞速发展，因为各种原因，许多公司都需要转让自己的股权，挂牌转让股权就是其中一种。需要注意的是：股东向股东以外的人转让股权，应当经其他股东过半数同意。股东应就其股权转让事项书面通知其他股东征求同意，其他股东自接到书面通知之日起满30日未答复的，视为同意转让。其他股东半数以上不同意转让的，不同意的股东应当购买该转让的股权；不购买的，视为同意转让。经股东同意转让的股权，在同等条件下，其他股东有优先购买权。

第六节 融资的另外方式

一、内部融资

所谓内部融资就是民营企业依靠内部积累进行融资。除了前面提到的融资方式，民营企业也可以采用这种方式来融资。

1. 内部融资的特点

内部融资具有低成本性、自主性和抗风险性等特点。

（1）低成本。无论是股票、债券，还是其他方式，都需要支付大量的费用，比如，会计师费用、律师费用等。在融资费用相对较高的今天，利用内部融资，能够有效降低公司的成本。

（2）自主性。内部融资来源于自有资金，民营企业使用时具有很大的自主性，只要股东大会或董事会批准即可，基本不会受到外界的制约和影响。

（3）抗风险。内部融资不会稀释原有股东的每股收益和控制权，还能增加民营企业的净资产，有利于扩大其他方式的融资。

2. 内部融资的方式

跟外部融资比起来，这种融资方式不仅可以减少信息不对称问题及与此相关的激励问题，还能节约交易费用，降低融资成本，增强民营企业剩余的控制权。只不过这种方式要受到企业盈利能力、净资产规模和未来收益预期等方面的制约。

目前，民营企业内部融资共有两种方式，如表1-10所示。

表 1-10 民企内部融资的方式

<table>
<tr><th>方式</th><th colspan="2">说明</th></tr>
<tr><td rowspan="2">利用应收账款融资</td><td rowspan="2">为了筹到资金，民营企业也可以用应收账款作担保</td><td>应收账款让售。具体过程为：在商品运出之前，企业向信贷公司申请贷款；经同意后，商品运出后将应收账款让售给信贷公司；信贷公司根据发票金额，减去购买客户提取的现金折扣、信贷公司佣金等，将余额付给融资企业</td></tr>
<tr><td>应收账款抵押。具体方法是：与银行或公司签订合同，民营企业用应收账款作担保，在规定期限内，以一定额度为限向银行借款融资</td></tr>
<tr><td>变卖融资</td><td colspan="2">为了筹集发展资金，民营企业可以将某一部门的大部分资产进行清算变卖。具体过程是：
首先，做好经营战略规划，确定发展方向和目标；
其次，确定变卖融资的目的和要求，选择清理资产对象；
最后，对资产进行清理变卖</td></tr>
</table>

2. 项目融资

项目融资是近些年兴起的一种融资手段，是以项目的名义筹措一年期以上的资金，以项目营运收入承担债务偿还责任的融资形式。形式有很多，也比较灵活，至于趋势，每一种模式都有适用的领域和趋势。

融资方式主要有：

1. 基金组织

手段就是假股暗贷。所谓假股暗贷就是投资方以入股的方式对项目进行投资，实际并不参与项目的管理。到了一定的时间，从项目中撤股。缺点是操作周期较长，要改变公司的股东结构甚至公司性质。

2. 银行承兑

具体方式是：投资方将一定的金额打到项目方的公司账户上，要求银行开出相应额度的银行承兑，投资方将银行承兑拿走。这种融资的方式对投资方大大有利，因为可以将一亿元反复几次来用。问题是，公司账户上有一亿元银行能否开出一亿元的承兑，可能只能开出 80%~90% 的银行承兑出来。即使开出 100% 的银行承兑，公司账户上的资金银行允许你用多少还是问题。

3. 委托贷款

所谓委托贷款就是投资方在银行为项目方设立一个专款账户，把钱打到专款账户里，委托银行放款给项目方。这种方式比较好操作，对项目的审查不太严，要求银行作出向项目方负责每年代收利息和追还本金的承诺书。

4. 直通款

所谓直通款就是直接投资。对项目的审查很严，往往要求固定资产的抵押或银行担保；利息相对较高，多为短期；个人所接触的最低的是年息 18%，一般都在 20% 以上。

5. 贷款担保

市面上有很多投资担保公司，只需要付高出银行的利息，就可以拿到急需的资金。

三、专业化协作融资

所谓专业化协作融资就是在生产经营和合作过程中关联企业之间产生的融资。这种融资方式是企业之间的融资，也是一种隐性或变相融资。对于民营企业来说，采用这种融资方式，可以用来扩大生产规模。

1. 专业化协作融资的优势

（1）不用经过金融机构。专业化协作融资不用经过金融渠道，能够产生巨大的经济效益。专业化协作通常是在多个企业之间展开的，一旦形成协作关系，相互融资的目的就实现了。同时，加入协作的每个企业都以对方作为融资对象，还能够节约资金。

（2）有利于挖掘社会生产潜力。这种融资方式从现实的社会生产能力出发，可以充分挖掘社会生产力的潜力。一方面能节省建设周期，赢得时间，赢得市场；另一方面能充分利用社会生产能力，进一步扩大需求市场。

（3）融资风险低。协作企业通常都是具有独立法人资格的经济实体，需要对企业的经营效果担负责任，所以虽然协作企业都以对方的资产作为融资对象，但不用担负经营责任，有利于降低融资风险。

2. 专业化协作融资的操作程序

专业化协作金融的操作程序如表 1–11 所示。

表 1–11　专业化协作融资的操作程序

步骤	要点	说明	解析
第一步	融资项目的可行性研究	可行性研究是对融资项目提供决策依据的研究过程，是对融资项目进行的社会环境、技术水平、经济条件、市场需求等方面的前景预测	要解决五个问题：工艺技术水平的合理性（就工业项目来说）；产品市场开拓的可能性；可利用的生产经营要素来源；经济效益的前景预测；符合环境保护、卫生防疫等条件，达到可持续发展要求
第二步	严格筛选合作伙伴	专业化协作融资是以网络化的形式来开展经营活动，成员企业之间可以建立起一种或松散或紧密型的业务协作关系。所以，必须严格筛选成员	步骤如下：对专业化协作融资方式的可能性进行研究，对外包业务协作的可能性进行评估；实地考察，做好融资项目的筹备工作；筛选确定协作企业名单，并签订合同
第三步	规范伙伴的行为	协作伙伴的行为规范依赖于制度的确定，应当在两个主要文件中体现出来：一是网络组织章程；二是具体业务协作合同。当然，无论是章程还是合同，一旦签订，都要认真履行	—

3. 专业化协作融资需注意的问题

（1）提高协作伙伴的竞争力。一旦形成专业化协作关系，其市场竞争力就不是以一个企业表现出来，而是以整体的合力表现出来。因此，为了提高协作的整体竞争力，就要将协作方的所有资源整合起来。

（2）内部产权交易和技术转让。在专业化协作融资过程中，企业之间的交易不限于外包业务，还要重视产权交易和技术转让等内容。产权交易和技术转让要体现市场机制的原则，买卖自由，价格合理。

（3）不断调整协作的内部价格。为了让内部价格和外部市场价格保持基本一致，就要不断调整内部价格。如果内部交易价格长时期低于外部价格，会损害协作企业的利益。

（4）适当采用商业性融资方式。使用这种方式融资，并不排斥其他方式融资，比如企业间的资金拆借等。

第二章 关于民营企业

第一节 民营企业的发展历程

新中国成立以来，我国民营企业的发展可以分为明显的两个阶段：改革开放以前，选择重工业优先发展的工业化道路，虽然没有明确的说法，但实行的是大企业发展战略；改革开放以后，在“轻工业六优先”的政策指导下，工业化开始走向正轨，实行的是民营企业发展战略。

目前，我国国民经济发展已经步入工业化发展的中期阶段，面临着大中小型企业发展战略的选择，正确的决策方式关系到我国经济的稳定、快速和健康发展。

改革开放之前，我国工业化实行大企业发展战略，但并不否认民营企业大发展的两次经历，加上改革开放后，以“乡镇企业”异军突起为代表的民营企业获得大发展，我国民营企业一共经历了三次大发展。虽然也有一些经验和做法值得学习，但更多的是教训，特别是前两次发展更值得认真总结。

一、民营企业第一次发展的经验与教训

20 世纪 50 年代末，我国民营企业获得第一次大发展。在激进的“赶超”战略（超“英”赶“美”）的指导下，为了进一步加速以重工业为主的工业化进程，在大企业“赶超”的情况下，民营企业也参与到重工业化进程中来，对我国刚刚走上建设之路的国民经济造成了严重的损失和破坏，教训非常深刻。

（1）重工业通常都是规模效益明显，不容易采取民营企业的形式，“大跃进”

时期先后出现的所谓土“五小”、洋“五小”(指小钢铁、小煤矿、小机械、小水泥和小化肥等）基本上都严重违反了经济和技术发展规律。

（2）在国民经济中，民营企业的主要功能和作用是稳定经济、活跃市场、保障就业、促进技术进步等，人们忽视或根本没有这种概念，民营企业变成了实现某种政治目的的工具。

（3）给民营企业带来了“分散化”的坏名声，破坏了企业应有的声誉，使人们对民营企业产生了误解，影响了其正常发展。

二、民营企业第二次发展的经验与教训

“文革”期间，在农业机械化和为国防服务的思想指导下，中国大力发展重工业型的地方“五小”工业；同时，在各地经济“自成体系”的要求下，各地各自为政，重复建设，逐步形成了自给自足、结构雷同的封闭式国民经济体系。这次民营企业的大发展造成的影响虽然没有上次大，但教训也是很多。

（1）在要求各地建立独立的工业生产体系中，各地民营企业不仅具有重化工工业的特点，还具有重复建设、结构雷同、“小而全”等特征，引起了地区间的资源争夺战，造成了极大的资源浪费。

（2）受计划生育工作的政策影响，城市就业形势非常严峻，直接带来的结果是“上山下乡”。

（3）民营企业成为复制古董、重复旧技术的典型，违背了民营企业在技术创新上应起的中坚作用。

三、民营企业第三次发展的经验与教训

改革开放后，我国工业化战略由“重”向“轻”转变，走上了正确的道路。在“轻工业六优先”的政策引导下，在农村实行承包制和农民经商办企业的过程中，农民的创造精神迅速以兴办“乡镇企业”的形式迸发出来，城市出现了大批个体户，民营企业迎来了第三次大发展。

这次民营企业的大发展带着全新的面貌，以符合经济发展阶段要求的农副产

品加工和第三产业为主，给长期处于徘徊中的经济带来了活力，让人民生活得到了极大改善，有效缓解了就业问题，农民进城办工商企业的愿望也得到很大的满足。之后，民营企业一直在我国国民经济中发挥着应有的功能和作用。

值得学习的经验有：

（1）民营企业大发展不再以重工业产业为主，走上了以轻工业（特别是农副产品加工工业）和第三产业为主的发展道路。由于产业选择正确，民营企业保持了长久发展的势头，道路也越走越宽，彻底避免了大起大落的现象。

（2）极大地缓解了城镇的就业压力，避免了“上山下乡”的做法；同时，为农村大量的剩余劳动力找到了一个好的出路，促进了城市化的快速发展。

教训主要体现在：

（1）经济体制改革滞后，各地民营企业的发展出现了一定程度的重复建设，不仅引发了严重的资源大战，还导致了地方保护主义的盛行，给经济的健康发展带来了一定的消极影响。

（2）在“有水快流”的思想指导下，有些不适合民营企业发展的资源型产业领域，如煤炭和石油的开采、炼焦、炼油等领域出现了过多的民营企业，既对环境造成了破坏，又浪费了国家的宝贵资源，严重威胁到企业的可持续发展。

第二节 民营企业现状

目前，我国经济发展到了一个关键时期，经济发展战略面临新的抉择。一方面，我国工业化已进入中期阶段，重化工发展的任务重新摆在了面前，大企业及企业集团已显示出明显的发展优势；另一方面，随着国有企业改革的深入，就业压力不断增加，民营企业在国民经济中的独特功能和作用也充分得到了凸显。因此，如何选择下一步企业发展的战略就显得尤其重大。

一、民营企业的发展现状

民营企业数量多，分布广，涉及行业广泛，是现代国民经济的重要组成部分，有着广泛的社会经济基础，不论在发达国家，还是在发展中国家，其数量都占据着绝对优势。

民营企业寿命短，更新快，资金筹集渠道狭窄，资金不足，缺乏发展动力；规模较小，产品质量和科技含量低，市场竞争力差，市场影响力小；收集分析市场信息的能力弱，无法在最短的时间里对经济景气变动、金融环境及产业形势变化等做出判断，抗风险能力弱；寿命周期比较短，倒闭者众多，新创立者更多，新旧民营企业的更新速度较快。

目前，我国民营企业发展依然步履维艰，数据显示：日本、欧洲的小微企业生命周期为 12 年，美国为 8 年多，中国只有 3 年，主要原因就在于公司的运行体系不成熟。

在人口众多、经济落后、技术装备差的背景下，得到发展的民营企业，主要集中在劳动密集型产业和技术含量低的传统产业。同时，多数民营企业已经利用传统技术进入到农、林、牧、渔等传统行业，产出规模都比较小，产品的技术含量较低。

在所有权和经营权高度统一的条件下，企业目标与所有者目标高度一致，民营企业更加富有活力，灵活多变；企业内部组织结构简单，管理人格化，管理层次不多，管理权集中统一于所有者手中。管理者与从业人员的距离较短，多数还具有一定的关系，比如血缘、亲缘、地缘等，组织、协调、指挥、监督等过程比较迅速。

民营企业人员流动快，缺少高素质人才，无法吸引高级人才的加入，难以支付高级人才所需的薪金。同时，民营企业又会因为老板情结、管理问题、企业文化和福利等问题，无法将内部人才充分利用起来。缺乏稳定、优秀的工作团队，民营企业的生存和发展自然会遇到很多困难。

二、民营企业的发展格局

中国产业信息研究网发布的《2018 年版中国民营企业发展研究及融资策略研究报告》数据显示：

2016 年末，全国规模以上中小工业企业（以下简称“民营企业”）为 37.0 万户。其中，中型企业 5.4 万户，占民营企业户数的 14.6%；小型企业 31.6 万户，占民营企业户数的 85.4%。

从地区来看，东部、中部、西部和东北等地区的民营企业户数分别为 21.4 万户、8.6 万户、5.0 万户和 2.0 万户，同比分别增长 0.8%、5.8%、6.6% 和 -18.0%，分别占民营企业户数的 57.8%、23.2%、13.5% 和 5.4%。

从省市来看，民营企业户数占比超过 5% 的省市有：江苏（12.5%）、广东（10.8%）、山东（10.7%）、浙江（10.7%）、河南（6.1%）和安徽（5.2%），共有 20.7 万户，占民营企业户数的 55.9%。

从行业来看，制造业民营企业 34.7 万户，同比增长 1.8%，占民营企业户数的 93.8%；采矿业 1.3 万户，同比下降 11.4%，占民营企业户数的 3.5%；电力热力燃气及水生产和供应业 1.0 万户，同比增长 5.9%，占民营企业户数的 2.7%。

在制造业的 31 个行业中，民营企业户数占比超过 5% 的行业有 9 个，分别是：非金属矿物制品业（10.0%）、农副食品加工业（7.4%）、化学原料和化学制品制造业（7.0%）、通用设备制造业（6.7%）、电气机械和器材制造业（6.5%）、金属制品业（5.9%）、纺织业（5.7%）、橡胶和塑料制品业（5.2%）和专用设备制造业（5.0%），民营企业户数共占制造业民营企业户数的 59.5%。

第三节　融资对民营企业的巨大作用

以企业为主体融通资金，能够使企业及其内部各环节之间资金供求实现平衡。具体来说，融资对民营企业的好处有这样几个：

一、有效解决企业资金难题

这是最直接的影响。企业融资就是为了解决资金难题，资金的支持可以帮助企业解决眼下问题，为企业未来发展奠定基础，让企业在同行中有更强的竞争力。在同样的环境下，有资金支持的企业会坚持得更久。

二、获得企业运营指导

很多天使投资人都是行业大佬，有着丰富的创业经验和行业经验，具备挑选项目的眼光，更有培育项目的能力。他们提供的关于产品、技术方面的专业意见，或关于公司管理、商业模式、战略方向的经验及思考对民营企业都是无价之宝，远重于钱。

三、获得更多的资源

获得了投资人的投资，还能获得投资人背后的资源。包括但不限于政府、媒体、人才、市场渠道及下一轮融资的渠道等。为了扶持早期项目，天使投资人往往愿意向被投资企业提供这些资源。

四、改善内部结构

引入战略性私募投资者，可以帮助民营企业改善股东结构，建立起有利于企业未来上市的治理结构、监管体系和财务制度。

五、有助挂牌上市

很多民营企业想要获得投资，并不一定是为了寻得资金的支持，而是为了让企业真正步入正轨，拥有更多的有效资源，为企业打通上升的途径。

第四节 民营企业融资环境及现况分析

一、民企融资及环境

当前民企的融资环境如何？

1. 民企债的融资规模和利率变化

（1）发行量增加，但期限被动缩短。2018 年四季度民企发行人在政策支持下，总发行量明显回升。但由于总偿付规模比 2017 年增长明显，导致民企发行人净融资大规模缩减。2017 年四季度民企净融资规模为 1954.4 亿元，而 2018 年四季度仅为 350.4 亿元。

（2）非正常到期的规模增长明显，尤其是回售规模。非正常到期包括提前兑付、持有人行使回售和发行人行使赎回的情况。至 2018 年四季度，非正常到期的比例攀升至 10%以上，其中规模增长最明显的为回售规模。可见，当前民企含权债的持有人，更倾向于行使回售权，促使债券提前到期、发行人提前偿付本息。

（3）发行期限向短融等品种倾斜。持有人压缩存量债期限，促使发行人被动缩短借款期限，对民企发行人不利。从发行期限分布上可看出，2018 年下半年，一年期以内的短融、超短融品种，以及 2~3 年期品种的发行规模上升明显。民企发行人当前依然可以实现再融资滚动存量资金，但资金期限在被动缩短。

2. 民企发行人行业与评级特征

从发行规模上看，申万行业中的房地产、汽车、通信、农林牧渔和交运板块的民企 2018 年的发行规模超过 2017 年，其中房地产和汽车板块发行量增幅较大；其余行业发行规模均有收缩。

从行业净融资的角度看，除汽车、通信和交运板块外，2018 年多数板块较 2017 年净融资减少；而汽车和通信是 2018 年较 2017 年由净融出转为净融入变化最为显著的两个板块。

二、民企融资现状

民营企业的融资现状主要表现为：

1. 内源融资比例低

内源融资主要是指企业的自有资金或业务收入，可以保证企业的独立性，体现了企业所有者的权益。除了在破产或清算的情况下，企业一般不需要偿还。内源融资可以降低资产负债率，调整民营企业的资本结构，提高财务杠杆，是一种成本低、融资效率高的融资方式。数据显示，民营企业在一些国家的自有资金比例高达一半以上。但在我国，由于企业管理制度和分配制度等方面的原因，内源融资的使用不合理，比例太小，使得内源融资比例较低。

2. 外源融资难度大

外源融资是指依靠企业外部资金来进行融资，有直接融资和间接融资两种方式。直接融资包括债券融资和股权融资。债券融资是有偿使用企业外部资金的一种融资方式，债权人在债券期满时可向债务人要求收回本金和利息，具有融资成本较低、保证企业控制权、调整资本结构以及财务杠杆作用等特点。

3. 民营企业融资法律规范较少

现阶段民营企业发展迅速，但缺乏针对民营企业的信用评级机构，使得民营企业的资信水平不能满足商业银行的放贷要求；缺乏针对民营企业融资发展的法律、法规文件，民营企业融资困难，不受法律的保护，使民企与大型企业实际权利不平等。

第五节　民营企业融资的五要素

在现代企业经营实践过程中，经营思维发生了多次变化：从产品思维到营销思维、管理思维，再到金融思维，随着企业外部环境的变化而变化。目前，多数企业在用金融理念管理企业的日常工作，很多企业成立了投融资部，把投融资工作注入到日常经营中。

投融资是金融思维正反一体的两面，投资的目的是增强企业的融资实力，做大体量，做强质量，让融资更可行；融资的目的是更好地加强企业的资金储备，加大投资力度，更好地经营企业。

各企业的情况都是不同的，有的投资先行，有的融资先行。融资是企业必须重点思考的内容，要想做好企业融资，就要做好融资五要素的分析。

一、民营企业融资的主体

融资过程中，金融机构或投资者首先是看主体，资本没有情怀，只有务实，好的融资主体可以保证融资的安全，可以产生持续的金融合作，可以相互支持和成长。

融资主体的关注点涉及性质、规模和品质：

1. 主体性质是指主体的属性

当下主要是指企业股东是央企、国企或民营企业，一般认为央企和国企的背后有强大的政府信用背书，安全性高，风险低；民营企业背后没有支撑，优胜劣汰，风险性较高。

2. 主体规模指企业的资产规模

规模大，抗风险性就强。

3. 主体品质包括品牌价值、市场占有率、护城河深度等

品牌价值是个综合指标，包括各类无形资产。企业积极投入研发，就能形成很高的行业壁垒。

二、民营企业融资的用途

有句老话叫“救急不救穷”，金融机构与投资者不是慈善机构，他们都关注企业如何利用融到的钱。最好将融资用在企业的发展和未来上，以便资金与企业共同分享未来发展的胜利成果。其次，要将融资用在短期的经营活动上，例如原材料购买和应收账款过桥等，保证企业业务线的顺畅运营。将资金用于填补已经存在的窟窿风险很大。通常，金融机构都不愿把自己置身于泥潭之中。

三、民营企业融资的还款

融的钱必须要还，还款来源的质量影响着融资的成功。在融资时，企业必须要细致地测算，必须计算资金使用后所产生的收益，保证如期偿还借款。

如果所投项目短期无法实现盈利，就要在主体内的其他收入上解决，就要做好项目的现金流管理和企业的现金流管理，保证在各支付节点按时足量地完成还款。

还款是企业长期融资活动的重要工作内容，不要将所有精力都放在如何融资上，而忽略了还款管理的重要性。还款管理是企业长期融资工作中重要的内容，必须高度重视。

四、民营企业融资的风控

真正能把钱借出来的人，一定都会重视风险控制，因为相对于利息收入，本金的金额更大，所以安全是投资者的第一考虑要素。只有做到安全，一旦发生了各类风险，融资方才能确保投资者的本息收益。

融资的实质是放大和优化配置企业内部资产，必须强调企业固定资产与流动资产的特点与转换。

5. 民营企业融资的成本

融资的代价就是付出成本，成本的高低决定着项目的未来利润。随着金融市场严监管时代的到来，资金市场的市场化程度不断下降，真实的融资市场成本居高不下，各类企业遇到了前所未有的经营压力。

成本与期限和风险有着密切的关系。企业都希望获得长期低利率贷款，通常，期限越短，成本越高。企业刚开始融资时，负债率较低，融资的成本也低；随着融资规模不断扩大，负债率不断上升，风险就会逐渐加大，融资成本也越变越高，所以为了降低融资成本，企业就要合理控制负债水平和期限。

第六节 民营企业融资的可行性方案

一、公司介绍

主要内容包括：

1. 公司简介

包括公司成立时间、注册资本金、公司宗旨与战略、主要产品等。

2. 公司现状

附上公司的资本结构、净资产、总资产、年报或者其他有助于投资者认识公司的参考资料。如果是私营公司还应将前几年经过审计的财务报告以附件形式提供。

3. 股东实力

股东的背景会对投资者产生重要影响。如果股东中有大企业或本身就属于大型集团，对融资会产生很多正面影响。

4. 历史业绩

对于企业来说，以前做过什么项目、经营业绩如何，都要特别说明。如果企业开发经验丰富，投资方就容易对其执行能力予以承认。

5. 资信程度

把银行提供的资信证明，工商、税务等部门评定的奖励、或其他荣誉、都写进去。最好有证明的人员。

6. 董事会决议

对于需要融资的项目，要经过公司决策层的同意，加强融资的可信程度。

二、项目分析

主要内容包括：

（1）项目的基本情况。

（2）项目来历。

（3）证件状况文件。

（4）资金投入。

（5）市场定位。

（6）建造的过程和保证。

三、市场分析

主要内容包括：

（1）地方宏观经济分析。民营企业受地方经济的影响比较大，需在本部分体现。

（2）市场分析。

（3）竞争对手和可比较案例。分析现有的几个类似项目的规划、价格、销售进度、目标客户群等。

（4）未来市场预测及影响因素。可以通过市场周期的方法和重点因素分析法等做出预测。

四、管理团队

主要内容包括：

1. 人员构成

公司主要团队组员的名单，工作的经历和特点。如团队有经验丰富的人员，会对投资的安全有很大的保障。

2. 组织结构

企业内部的部门设置、内部的人员关系、公司文化等。

3. 管理规范性

管理制度、管理结构等的评价。可以由专门的管理顾问公司来评价和说明。

4. 重大事项

对企业产生重要影响的需要说明的事项。

五、财务计划

好的财务计划，对于评估项目所需资金非常关键，财务计划准备得不好，会给投资者以企业管理者缺乏经验的印象，降低对企业的评价。本部分一般包括对投资计划的财务假设，以及对未来现金流量表、资产负债表、损益表的预测。其中，对企业自有资金比例和流动性要求较高。

六、融资方案的设计

主要内容包括：

1. 融资方式

比如，抵押融资、债权融资、债转股融资，多种融资方式的组合。

2. 融资期限和价格

融资的期限，可承受的融资成本等，都要解释清楚。

3. 风险分析

说明存在的主要风险是什么，如何克服这些风险。对投资融资双方有可能存在的风险做出判断，并制订出风险化解方案。

4. 退出机制

说明投资者可能的退出时间和退出方式。

5. 抵押和保证

最有效的安全措施就是抵押，或信誉卓著的公司的保证。

6. 对行业不熟悉的客户

需要提供操作的细节，即如何保证投资项目是可行的。

第三章 制订融资计划

第一节 判断企业自身

一、对应所在阶段

企业成长如同人的成长一样，需要经过一个从量变到质变的过程，是一种成长“基因”推动企业系统内部的组织与功能不断分化，促进企业系统机体不断扩张、新陈代谢，不断适应环境，并与环境形成良性互动。具体表现为：企业规模的扩大、内部结构的不断完善和成熟、功能的优化等。

企业成长具有阶段性，有生命周期，即创业期、扩张期、成熟期、老化期等。民营企业在融资前，就要确定自己的所处阶段。

1. 创立阶段

企业登记注册开始运营，即进入创立阶段。在创立阶段，企业面临生存的挑战具有以下特征：

（1）实力较弱，依赖性强。企业创立阶段，资源有限，在市场上还没有站稳脚跟，需要各方面扶持。

（2）产品方向不稳定，转业率高，破产率高。资料表明，美国平均每年倒闭的 20 万家小企业中，55% 是开业不到 5 年的新企业。

（3）创新精神强。这一阶段的企业不仅能提供满足市场缝隙的创新产品和服务，还拥有灵活多变的经营策略。

（4）财务方面，净现金流量为负值，投入大，收益少，现金入不敷出，企业对现金收支预测和控制能力较低。

（5）管理不规范，管理水平较低，无章可循和有章不循的现象同时存在。

2. 扩张阶段

企业创立后如果能生存下来，并获得相应发展，一般就会进入扩张阶段。扩张阶段是企业发展的关键时期：一方面，企业的战略重点发生了转移，由生存转向争夺发展机会和资源；另一方面，决策者要保持清醒的头脑，客观评价企业实力，避免因盲目扩张使企业陷入困境。

企业在这一发展阶段的主要特征是：

（1）企业进入扩张阶段，生存问题已基本解决，具有较强的活力及相应的发展实力，发展速度快，波动小。处于此阶段，企业在资金、人员数量、技术水平方面都较创立阶段有显著提高，但对资源的管理和利用成为企业的新问题。

（2）在财务方面，企业表现为投入较大，收入颇丰，现金流可正可负。为了扩大经营，企业会举债发展。因此，保证偿债能力是企业借款、发展的关键。

（3）企业形成自己的主导产品，销售额占到总销售收入的 70% 以上。企业转业率降低，处于扩张阶段的企业，转业率比创立阶段低 60% 以上。

（4）企业专业化水平提高，开始注重发展与其他企业的联合关系，企业之间的协作能力有所加强。

（5）在创立阶段形成的企业经营系统，不适应扩张阶段规模放大后的压力，甚至面临崩溃的危险。

3. 成熟阶段

经过扩张阶段的发展后，企业步入成熟阶段，表现出来的主要特征为：

（1）随着企业规模的扩大，发展逐步由外延式转向内涵式，由粗放经营转为集约经营。企业的发展速度减慢，甚至出现停止发展的现象，但是收效没有下降，往往有所上升。

（2）企业提高了产品知名度，形成自己的特色产品，甚至名牌产品，为了进一步发展和规避经营风险，通常会选择向多元化方向发展，即产品由单一化转为多样化。

（3）经过多年的经营，企业已逐渐形成自己的经营理念，培养出具有本企业特点的企业精神，创出了企业名牌，在公众中树立起良好的形象。

（4）在企业扩大规模的同时，管理变得越来越复杂，企业管理正规化、科学化的呼声日益提高。

4. 整合阶段

（1）此阶段企业的主要特征表现为经营业务逐步向多样化方向发展，企业可能会同时存在三个层面的业务：

一是企业的核心业务。这些业务能够让客户直接将其与企业的名字相联系，能为企业带来大部分利润和流动现金。与企业近期业绩关系重大，虽然可能还有增长潜能，但终将耗尽余力，衰落下去。

二是正在崛起的业务。这些业务带有快速发展和创业性的特征，成长性高。企业往往对第二层业务的发展投入巨资，保持其快速增长。

三是未来更长远的业务。这些项目可能是研究课题，市场试点、少量投资的尝试和为加深对行业了解所做的努力。企业开展大量的第三层面业务的目的是确保将来有足够的优秀业务发展到第二层直至第一层面。

三个层面业务互相协调，共存于企业当中。

（2）随着企业逐渐向集团化方向发展，经营单位日益增多。公司原有的集权式管理方式越来越不适于公司的管理，分权分配的程度成为企业管理的焦点。

（3）股东和利益相关者越来越关注企业能为他们带来的收益，而不是企业规模的再度扩大，因此，最大限度地创造企业价值将成为他们对企业的要求。

5. 蜕变阶段

企业进入蜕变阶段，有两种前途：

（1）衰亡。企业在成长的各个阶段都会因为各种原因而破产，使企业消亡，但是这种破产只能算“夭折”；而进入蜕变阶段之后的破产是企业机体老化而引起的，所以称为衰亡。

（2）复苏。如同某些昆虫的蜕变一样，企业的复苏是改变了形体而继续存活下去。

二、目前所在行业

制订融资计划的时候，要明确企业所属行业，即企业在国民经济行业分类里隶属的行业类别。

1. 不同特征的分类

根据不同特征，可以将国民经济行业中的企业分为如下几种，如表 3–1 所示。

表 3–1 在国民经济行业中不同特征的企业分类

类别	说明
产业性特征	对于国家来说，产业共有三类：第一产业，包括农业、林业、牧业和渔业等。第二产业，工业和建筑业。工业中包括采掘业、制造业等。第三产业，流通和服务业。在传统农业社会，农业人口比重最大；在工业化社会，工业领域中的职业数量和就业人口显著增加；在科学技术高度发达和经济发展迅速的社会，第三产业职业数量和就业人口显著增加
时空性特征	随着社会的发展和进步，职业已经发生了快速变化，除了弃旧更新外，同种职业的活动内容和方式也发生了变化，职业的划分自然就会带有明显的时代性。从大的方面来说，在职业数量较少的时期，职业与行业是同义语，但如今职业与行业既有联系又有区别，在职业划分中，行业只能作为职业门类
职位性特征	职位是一定的职权和相应的责任的集合体。职权和责任的统一形成职位的功能，职权和责任是组成职位的两个基本要素；职权相同，责任一致，就是同一职位。在职业分类中，每一种职业都含有职位的特性。比如：大学教师这种职业包含有助教、讲师、副教授、教授等职位
行业性特征	行业是根据生产工作单位所生产的物品或提供服务的不同而划分的，行业主要是按企业、事业单位、机关团体和个体从业人员所从事的生产或活动性质的同一性来分类的，表示人们所在的工作单位的性质
组群性特征	无论以何种依据来划分职业都带有组群特点，比如：科学研究人员中包含哲学、社会学、经济学、理学、工学、医学等

2. 宏观与精简的分类

（1）总体宏观分类。行业的总体宏观分类主要有：农、林、牧、渔业；采矿业；制造业；电力、热力、燃气及水生产和供应业；建筑业；批发和零售业；交通运输、仓储和邮政业；住宿和餐饮业；信息传输、软件和信息技术服务业；金融业；房地产业；租赁和商务服务业；科学研究和技术服务业；水利、环境和公共设施管理业；居民服务、修理和其他服务业；教育；卫生和社会工作；文化、体育和娱乐业；公共管理、社会保障和社会组织；国际组织。

（2）具体精简分类。行业的具体精简分类有：保险业、采矿、能源、餐饮、宾馆、电信业、房地产、服务、服装业、公益组织、广告业、航空航天、化学、健康、保健、建筑业、教育、培训、计算机、金属冶炼、警察、消防、军人、会计、美容、媒体、出版、木材、造纸、零售、批发、农业、旅游业、司法、律师、司机、体育运动、学术研究、演艺、医疗服务、艺术、设计、银行、金融、因特网、音乐舞蹈、邮政快递、运输业、政府机关、机械制造、咨询。

3. 研究中的分类

在经济研究和经济管理中，最常使用的分类方法主要有：两大领域、两大部类分类法，三次产业分类法，资源密集度分类法和国际标准产业分类法。

（1）两大领域、两大部类分类法。这种分类法就是按生产活动的性质及其产品属性对产业进行分类。

按生产活动性质，可以把产业部门分为物质资料生产部门和非物质资料生产部门。前者指的是从事物质资料生产并创造物质产品的部门，主要包括：农业、工业、建筑业、运输邮电业、商业等。后者指的是不从事物质资料生产而只提供非物质性服务的部门，主要包括：科学、文化、教育、卫生、金融、保险、咨询等部门。

（2）三次产业分类法。这种分类法是根据社会生产活动历史发展的顺序对产业结构的划分。

产品直接取自自然界的部门称为第一产业，对初级产品进行再加工的部门称为第二产业，为生产和消费提供各种服务的部门称为第三产业。这种分类方法是世界上较为通用的产业结构分类方法。我国的三次产业划分是：

第一产业：农业。包括种植业、林业、牧业和渔业。

第二产业：工业。包括采掘业，制造业，电力、煤气、水的生产和供应业，以及建筑业。

第三产业：除第一、第二产业以外的其他各业。

根据我国的实际情况，第三产业可分为两大部分：一是流通部门，二是服务部门。具体可分为四个层次：

第一层次：流通部门，包括交通运输、仓储及邮电通信业，批发和零售贸易、餐饮业。

第二层次：为生产和生活服务的部门，包括金融、保险业，地质勘查业、水利管理业，房地产业，社会服务业，农、林、牧、渔服务业，交通运输辅助业，综合技术服务业等。

第三层次：为提高科学文化水平和居民素质服务的部门，包括教育、文化艺术及广播电影电视业，卫生、体育和社会福利业，科学研究业等。

第四层次：为社会公共需要服务的部门，包括国家机关、党政机关和社会团体以及军队、警察等。

（3）资源密集度分类法。根据劳动力、资本和技术等三种生产要素在各产业中的相对密集度，可以将产业划分为技术密集型、资本密集型和劳动密集型产业。

①技术密集型产业。指在生产过程中，对技术和智力要素依赖大大超过对其他生产要素依赖的产业。目前技术密集型产业包括：微电子与信息产品制造业、航空航天工业、原子能工业、现代制药工业、新材料工业等。当前以微电子、信息产品制造业为代表的技术密集型产业正迅猛发展，是带动发达国家经济增长的主导产业。可以说，技术密集型产业的发展水平将决定一个国家的竞争力和经济增长的前景。

②资本密集型产业。这种企业的特点是：在单位产品成本中，资本成本所占比重较大，劳动者所占用的固定资本和流动资本金额较高。当前，资本密集型产业主要指钢铁业、一般电子与通信设备制造业、运输设备制造业、石油化工、重型机械工业、电力工业等。资本密集型工业主要分布在基础工业和重加工业。

③劳动密集型产业。这种企业的生产主要依靠劳动力的大量使用，对技术和设备的依赖程度较低，衡量的标准是：在生产成本中，工资与设备折旧占有较大的比重。目前，劳动密集型产业主要指：农业、林业及纺织、服装、玩具、皮革、家具等制造业。

（4）国际标准产业分类法。为使不同国家的统计数据具有可比性，联合国颁布了《全部经济活动的国际标准产业分类》（ISIC）。现在通行的是 1988 年第三次修订本。这套国际标准产业分类分为 17 个部门，其中包括 99 个行业类别。

17 个部门分别是：农业、狩猎业和林业；渔业；采矿及采石；制造业；电、煤气和水的供应；建筑业；批发和零售、修理业；旅馆和餐馆；运输、仓储和通信；金融中介；房地产、租赁业；公共管理和国防；教育；保健和社会工作；社会和个人的服务；家庭雇工；境外组织和机构。

三、企业性质类型对号

在制订融资计划的时候，需要明确“企业性质”。

这里，所谓企业性质就是企业的类型属于什么范畴。那么，按照企业性质分，都有哪些企业呢？

1. 私营企业

这类企业一般都由自然人投资设立或由自然人控股，以雇佣劳动为基础，是一种营利性经济组织，主要包括：按照《公司法》《合伙企业法》《私营企业暂行条例》规定登记注册的私营有限责任公司、私营股份有限公司、私营合伙企业和私营独资企业。

2. 国有企业

这类企业，全部资产都归国家所有，按《中华人民共和国企业法人登记管理条例》规定登记注册，不包括有限责任公司中的国有独资公司。资产的投入主体是国有资产管理部门，也就是国有企业。

3. 联营企业

这类企业主要有三种形式：法人型联营、合伙型联营和合同型联营。企业之间或各企业、事业单位之间联营，组成新的经济实体，独立承担民事责任；具备法人条件的，经主管机关核准登记，可以取得法人资格。

4. 三资企业

通常把在中国境内设立的中外合资经营企业、中外合作经营企业、外资企业三类外商投资企业统称为三资企业。

5. 集体企业

部分劳动者共同占有生产资料的所有制形式，是公有制形式之一。

第二节 竞争能力评估

一、运作项目评估

项目评估就是对项目的结构、功能、环境匹配性、可操作性、可持续性进行系统的价值研判的活动。

项目评估，论证和评价从正反两方面提出意见，为决策者选择项目及实施方案提供多方面的告诫，并力求客观、准确地将与项目执行有关的资源、技术、市场、财务、经济、社会等方面的数据资料和实况真实、完整地汇集、呈现于决策者面前，使其能够处于比较有利的地位，实事求是地做出正确、合适的决策，同时也为投资项目的执行和全面检查奠定基础。

主要内容包括：

1. 国民经济效益评价

国民经济效益评估又称经济评估，具体方法是：根据国民经济长远发展目标和社会需要，采用费用与效益分析等方法，运用影子价格、影子汇率、影子工资和社会折现率等经济参数，对需要国家为其付出的代价和它对国家的贡献做出分析，最后对项目投资行为在宏观经济上的合理性进行有效评估。

国民经济盈利能力分析，即对经济内部收益率、经济净现值等指标进行计算分析；经济外汇效果分析，即对经济外汇净现值、经济换汇成本等指标进行分析；辅助经济效益分析，主要计算分析投资项目的就业效果和节能效果以及相关项目的经济效益；对环境保护做一般评估。

2. 建设条件评估

（1）资源是否清楚，以矿产资源为原料的项目，是否具备相关机构批准的资源储量、品位、开采价值的报告；

（2）工程地质、水文地质是否适合投资建厂；

（3）原材料、燃料、动力等供应是否有可靠来源，是否有供货协议；

（4）交通运输是否有保证，运距是否经济合理；

（5）协作配套项目是否落实；

（6）环境保护是否有治理方案；购进成套项目是否经过多方案比较，是否选择最优方案；

（7）投资厂址选择是否合理。

3. 技术评估。

（1）投资建设项目采用的工艺、技术、设备在经济合理条件下是否先进、适用，是否符合相关国家的技术发展政策，是否注意节约能源和原材料以获得最大效益；

（2）购进的技术和设备是否符合投资实际，是否配套并进行多方案比较；

（3）投资项目所采用的新工艺、新技术、新设备是否经过科学的试验和鉴定，检验原材料和测试产品质量的各种手段是否完备；

（4）产品方案和资源利用是否合理，产品生产纲领和工艺、设备选择是否协调；技术方案的综合评价。

4. 投资项目财务评价

财务盈利能力分析，主要计算分析全部投资回收期、投资利润率、投资利税率、资本金利率、财务净现值、财务净现值率、财务内部收益率等评价指标；项目清偿能力分析，主要计算分析借款偿还期、资产负债率、流动比率、速动比率等评价指标；财务外汇效果分析，主要计算分析财务外汇净现值、财务换汇成本等评价指标。

5. 投资必要性的评估

主要内容有：项目是否符合行业规划；通过市场调查和预测，对产品市场供需情况及产品竞争力进行分析比较；对投资项目在企业发展中的作用进行评估；对拟投资规模进行经济性分析。

二、找到对标企业

对标企业是指国内同行业先进企业。例如，某企业要开展“对标挖潜”活动，就要找出国内同行业先进企业的先进指标，对照这个指标来挖潜，这些国内同行业先进企业就是对标企业。

1. 明确自己的短板

特别是各部门对自身管理的弱项有明确的认识，各公司、各部门都要对自身做一个优劣势分析，做到知己、全面、客观。

2. 选择好对标单位

选择对标单位的时候，要全面了解其真实性，设定合适的选择标准，目标太遥远，自身再怎么努力也无法达成；目标太小，稍微踮踮脚就能达到。只有适合的，才是最好的。

3. 制订详细的达标计划和方法

对准目标提升自身各个方面的功能，这是一个艰难的过程，要克服已有的常规做法，对每一个人来说都是切肤之痛，所以作为领导一定要有决心和信心。

4. 对标管理是个循环往复的过程

在目标达成后要选择下一个目标作为自身努力的方向，不能停滞不前，而应该继续努力，迎头赶上。

5. 在工作过程中要善于收集必要的数据

收集本公司的流程表、客户反馈、程序手册等信息进行自我分析。将自身的数据与对标单位的数据进行客观分析，找出达成的数据及未达成的数据。

6. 反复对比对标对象

在最佳的方法基础上衡量自己与别人业绩的差距。同时也可以选择自身最好的历史数据作为对标对象，通过超越自己的过去，进而完善自己。

7. 充分认识对标管理的重要性

对对标工作要重视，而且对在前行过程中出现的艰难险阻一定要有客观判断和砥砺前行的勇气和魄力，只有这样才能达成目标。

第三节　企业发展目标

企业发展目标是指企业的经济目标，即企业的经济效益，包括产值、产品销售额、营业额、利润率、投资回收率等。

企业目标按时间分可分为：当前目标（1 年以内）、短期目标（1~3 年）、中期目标（3~5 年）、长期目标（5 年以上）。按整体与局部可分为：整体目标、部门目标。按职能可分为：营销目标、销售目标、财务目标、生产目标、人力资源目标、研发目标等。按管理层级由低到高可分为：基层作业目标、中层职能目标、高层战略目标。

企业发展目标的确定要坚持几个原则：

一、权变原则

目标不是一成不变的，要根据外部环境的变化及时进行调整与修正，使其更好地实现企业宗旨。比较而言，长期目标应保持一定的稳定性，短期目标要保持一定的灵活性。

二、现实性原则

目标的确立要建立在对企业内外环境进行充分分析的基础上，并通过一定的程序加以确定，既要保证其科学性，又要保证其可行性。

三、协调性原则

各层次目标之间、同一层次目标之间要协调，保证在分目标实现的同时，企业总体目标也能实现。

四、关键性原则

保证将有关大局的、决定经营成果的关键内容作为企业目标主体。

五、定量化原则

组织目标要实现由上到下的逐级量化，使其具有可测度性。

第四节　衡量自身的商业模式及盈利模式

一、企业商业模式

企业与企业之间、企业与部门之间、企业与顾客之间、企业与渠道之间，都存在不同的交易关系和连接方式，这就是所谓的商业模式。主要分为：分拆商业模式、长尾商业模式、多边平台商业模式、免费商业模式和开放式的商业模式。当然，随着时间的推移，新商业模式类型自然也会不断涌现。

1. 免费商业模式

关于免费模式，有这样一个故事：1990 年柏林公共厕所经营权拍卖会上，汉斯 · 瓦尔向政府放出豪言：把公厕包给我，我来管，保证所有市民免费使用干净卫生的厕所。

竞争对手都傻了眼，认为瓦尔肯定是疯了。20 多年运营下来，瓦尔赚大发了，仅在柏林、法兰克福等 5 座城市，每年纯利润就有 3000 万欧元，公司盈利靠的是在厕所墙上做广告。

里面是免费的厕所，外面是赚钱的海报，这就是“厕所大王”瓦尔的生意经。

不管你是做什么的，你都需要考虑，除了你自己，还有谁需要你的客户。

在免费商业模式中，至少有一个关键的客户群体是可以持续免费地享受服务的。新的模式使得免费提供服务成为可能。不付费的客户所得到的财务支持来自商业模式中另一个客户群体。

在本部分，共有三种使得免费在商业模式中变得可行的方式：①基于多边平台的免费商品，基于广告的；②免费的基本服务，可选的增值服务，被称作“免费增值”模式；③钓鱼模式，以一个免费或者很便宜的初始价格吸引客户，并引诱客户使其进入重复购买的状态，如剃刀、刀片。每一种都有一套不同的潜在的经济逻辑，但都有一个共同点：至少有一个客户群体会持续获得免费的商品。

2. 多边平台商业模式

多边平台，会将两个或更多独立但相互依存的客户群体连接在一起，平台中某一群体的价值在于其他客户群体的存在。平台价值的创造，依赖于不同群体间的互动。多边平台的价值提升，在于用户数量的增加。

多边平台的运营者需要问自己几个问题：能够为平台的各个“边”的群体，吸引到足够数量的用户吗？哪一“边”对价格更敏感？如果对该群体施以补贴是否可以吸引到他们？另一“边”群体的加入创造的收益是否足以覆盖补贴的成本？

3. 长尾商业模式

长尾商业模式在于少量多种地销售自己的产品：它致力于提供相当多种类的小众产品，而其中的每一种卖出量相对很少。将这些小众产品的销售汇总，所得收入可以像传统销售模式所得一样可观。它不同于传统模式，以销售少数的明星产品负担起绝大部分的收益。长尾商业模式要求低库存成本以及强大的平台，以保障小众商品能够及时被感兴趣的买家获得。

4. 分拆商业模式

这一概念将企业从事的活动分为三种不同类型：客户关系管理、新产品开发以及基础设施管理。每种类型的活动有着不同经济、竞争和文化规则。这三种类型可能共存于同一家企业中，但理想情况下，它们各自存在于相互独产的实体中以避免冲突或不必要的消长。

二、企业盈利模式

所谓盈利模式是指按照利益相关者划分的企业收入结构、成本结构及相应的目标利润。

1. 广告模式

新闻类门户网站大多是这种模式，新浪、搜狐、网易三大门户网站很大部分盈利是靠广告收入获取的。还有视频类平台也多属这种，如爱奇艺、搜狐视频、腾讯视频，在看视频前都要先看一段广告。

广告模式的产品特点是：

（1）周期长。如果想实现广告效应，产品就要具有黏性，用户还要愿意留下来并能经常过来。广告模式是以 IP 量为基础的，没有用户，价值也就不复存在。所以，为了增加用户的忠诚度，必须生产更多的高质量内容；为了持续获得广告收益，还需要经过长期的运营和积累。

（2）内容质量高。内容必须有价值，价值是吸引用户的前提，像现在自媒体时代，每个自媒体人的收益很大一部分是来自于广告收益。内容质量高，就能更好地吸引用户，用户多才能有更多的盈利。

（3）无底线。为了实现广告效应，多数平台不择手段。标题党、故意误导引流、内容低俗等，只要能吸引眼球，什么招数都可以用。只要有 IP、有 PV，就能转换成白花花的银子。

（4）门槛低。谁都能进，谁都能看，用户量是此模式收益的主要依托。

2. 直销模式

这种模式以淘宝、京东为代表，平台通过商品的买卖获取收益，是线下销售模式的补充，是最简单、最直接的盈利模式。此销售模式也不仅仅局限于电商层面，还有像饿了么、摩拜单车等的形式，只要使用就会一次性地收取服务费用。

此模式的特点是：

（1）高质量。物美价廉是普遍的用户需求，网络降低了库存、门店、人员成本的同时，也降低了价格，但价格的降低不是降低物美，直销模式必须要保证商品质量。

（2）高效率。用户购买商品时目的性很明确，能用并能立刻用是普遍的用户心理，几天的等待会让一部分用户失去耐心。所以，直销必须要快，解决用户迫切需要的心理。

（3）平台化。网络无国界，直销模式多采用平台化方式，商家、顾客、平台方，三方合作共赢是此类模式的特点。

销售模式的特点还有很多，如诚信机制的打造、销售的闭环（从购买到评价）、商品的仓储等。

3. 分佣模式

CPS（Cost Per Sales），是将广告主（商家）与推广人进行融合，利用推广人的推广能力产品推广，按实际销售结果进行分佣，商品与客服全是由商家提供，推广方只负责引流并促成成交。当然，除了CPS这种分佣模式外，还有CPC按点击量进行收费，CPA按注册用户量或下载量进行收费。

不论是CPS、CPC，还是CPA，都是利用推广的方式获取分佣。此种模式的特点是：

（1）多种变种。CPS、CPA、CPC都是分佣模式的变种，不论是成交分佣、注册量分佣，还是点击量分佣，都属于不同形式的分佣模式。

（2）病毒式营销。信息会进行爆炸式传播，没有传播能力就无法推广，没有推广能力也就无法分佣。

（3）共同利益联合体。商家和推广人一起合作受益，推广人负责引流、促进成单，商家负责提供商品及客户服务。

（4）没有风险。分佣不需要自己囤货、风险低、积极性高，有的平台还支持多级分佣。

4. 会员模式

此模式向会员提供增值服务来获取收益，普通用户与会员一定要区别对待，“有钱的出个钱场，没钱的出个人场”，会员就是出钱场的，普通用户就是出人场的。如网易云音乐，要想下载高品质音乐就要付费成为会员；优酷网，如想看最新的影视作品就要付费成为会员。

此模式特点是：

（1）内容为王。像优酷、爱奇艺这类的平台，通过提供有价值、高质量的内容来吸引用户，不断地、持续地提供，产品的生命周期才会不断地得以延续。

（2）有价值。只有能帮助到用户，用户才会购买，愿意为此付费。另外，所提供的服务一定要物超所值，让用户感觉成为会员的代价要远小于购买此商品的代价。

（3）差异化服务。不同用户要区别对待，普通用户与会员间要有所差别，通过付费成为会员后，应得到更高质量的服务，得到不一样的待遇。

（4）薄利多销。薄利多销是会员服务模式的一个普遍特征，而且会员一般都有时间期限，通过大量用户的使用来平摊成本。

（5）专注于专业。平台方更多地专注于自身产品，做好做专。只有更好地服务于用户、产品做得更专业，才会留住用户。

5. 融资模式

互联网行业从来不缺钱，只缺好产品。从蚂蚁金服、滴滴到共享单车，每个成功的背后都离不开资本的运作。几千万只是起步，从A轮、B轮、C轮，上亿或几十亿美元都很正常。融资是民营企业的一个新常态，企业要发展，就要先烧起来，从以前的网易、新浪到今天的共享单车，每一个平台、每一个产品背后都有着资本之手。

此模式特点是：

（1）产品基础。要获取投资者青睐，还有一个重要因素，就是产品的现状。民营企业想要获取融资最难的就是天使轮，投资者最关心的是产品的前景、获利及现状，他们大多喜欢捡现成的。当规模还小时，没有人关注，只有做出成绩后投资者才会蜂拥而至，想要获取投资先要做好自己，千里马常有而伯乐不常有。

（2）人脉资源。人脉本身就是融资的最重要资源。比如，很多人不知道滴滴的第一桶金哪儿来的，其实，只要认真想想就能发现，程维2012年前在阿里巴巴工作了8年，而总裁柳青则跟柳传志是一家人。

（3）商业模式成熟。要想得到投资者的关注必须要讲好故事，商业模式清晰。商业模式也要顺势而为，市场情况、政策情况、竞品情况都是成功的背景，商业离不开大环境，离不开社会的场景化。

6. 第三方服务模式

谁是第三方呢？甲方、乙方外的就是第三方，供方、求方外的也是第三方，买方、卖方外的还是第三方，它为其余两方提供服务，并从服务中获取回报。

此种模式的特点：

（1）平台撮合能力强。平台需要有很强的撮合能力，并在商业模式中将各方做好定位，让各方做自己最擅长的事，为用户提供服务。

（2）共赢。在这个闭环里，每一方都能从中获取利益，信息免费、服务收费。建造一个利他的经济模式，先要让用户爽起来，自己才能爽起来。

（3）商业模式闭环。让甲方、乙方、第三方间形成一个完整的闭环，互为支持，第三方以服务为主，并从服务中获取回报。

7. 沉淀资金模式

让用户愿意把资金充进来，形成一定的沉淀资金，利用时间差进行投资从而获取收益。这中间就形成了时间成本，如果资金量大，用户量大，就是一笔很丰厚的收益。如淘宝，每个商家要想开店先要交一定的保证金，这笔保证金就形成了一个庞大的沉淀资金。

此种模式的特点：

（1）投资要快进快出。为了不影响资金的流动性和及时性，沉淀资金的投资一定要灵活、保本，可快进快出。

（2）提供资金池。平台要留够备用金，以便于用户随时提现，资金池就必不可少。

（3）大宗交易。要有大量资金沉淀才有意义，为资金端找好下家，创造收益。

第五节　价值定位与估值

一、价值定位

价值定位是指企业了解顾客的需求，确定如何提供响应每一细分顾客群独特偏好的产品与服务的筹划。选择正确的价值定位是融资计划设计至关重要的一步。

1. 价值定位三要素

（1）价值主张。所谓价值主张就是民营企业对潜在的有利可图的顾客提供什么，解决的是传递何种价值观念的问题。新趋势的价值主张主要体现在三个方面，如表 3–2 所示。

表 3–2　新趋势的价值主张具体体现

表现	说明
个性化	个性化提高了购买者的效用，使顾客被允许从广泛的但受约束的选择集中选择喜爱的产品或服务。大规模个性化生产的最完美形式是按订单生产，产品和服务是根据准确的、顾客指定的规格而产生的，避免了传统的错误需求预测和备货生产所产生的费用
方便的解决方案	随着对响应速度要求的提高，顾客不再只是寻找产品，而是寻找解决方案，对方便完整的解决方案的需求变得更加强烈。比如：当当网的出现，打破了人们购书上书店的传统习惯。顾客在家上网购书不但可以享受打折优惠，还可以送书上门
超级服务	有了质变的服务能使顾客满意，同时也能使服务提供商与众不同。超级服务可由产品易于获得、相关的信息、优质的服务或容易退货所构成。快捷、可靠的产品或服务交付，而顾客又不用额外的支付，这是超级服务最有效的形式

（2）客户选择。客户选择是指企业的产品或者服务的针对对象，要解决的是为谁创造价值的问题。在不少市场，不是所有的客户都是有利可图的，这是由不断下降的毛利润和不断增加的服务客户的成本多样性引起的。在银行业，一般 30% 的客户群创造 130% 的利润，另外 30% 持平，而最后的 40% 造成银行运营利润 30% 的损失。面对这种客户利润转移，可以尝试放弃这些无利可图的客户，甚至将他们引向竞争对手。

目标顾客一般可分为以下四种，如表 3–3 所示。

表 3-3 目标顾客的一般分类

种类	说明
防御型顾客	指那些给企业带来的总收益小于或等于企业为之付出的总成本，因此无法为企业带来盈利的顾客。企业之所以保留这部分顾客，是为了防止竞争对手采取渗透等方式侵害企业的市场地位，或通过分摊固定成本来降低企业的经营风险
资产型顾客	指那些能够融入企业价值创造活动中，通过发挥自身所拥有的知识和技能、学习和试验的欲望以及他们参与积极对话的能力，成为企业的战略资产的一部分。这部分顾客是企业的宝贵资产，能够为企业提供大量的、有价值的隐藏信息
盈利型顾客	指那些给企业带来的总收益大于企业为之付出的总成本、能够为企业带来盈利的顾客。盈利型顾客是企业利润的直接来源，其数量的多少和质量的好坏直接决定了企业的盈利能力
增值型顾客	指那些能够通过网络效应、口碑效应、形象效应等方面的作用，使企业提供的价值发生增值的顾客。这种类型顾客的作用在网络性行业、体验性行业中体现得更为明显

（3）价值内容。价值内容是指企业将通过何种产品和服务为顾客创造价值，要解决的问题是企业准备向目标顾客传递何种形式的价值。

价值内容可分解为信息价值、文化价值、体验价值和功能价值四种。

①信息价值。是指顾客在购买或使用某种产品或服务的时候，能够向他人传递某种信息，从而产生的价值。例如，某公司将芙蓉王定位为高档香烟，诉求“传递价值，成就你我”，广告常采用高档休闲运动高尔夫或者高档汽车做背景，时刻传递其不同寻常的价值，顾客看重的是能够传递高贵身份的信息。

②文化价值。是指产品或服务中包含的，能够为顾客带来归属感的某种文化属性。例如，2008 年不少观看北京奥运会的游客，都会买吉祥物送给亲朋好友，因为这些礼品被赋予了浓厚的奥运文化含义，具有很高的纪念价值。

③体验价值。是指根据顾客个性化的需求提供的一种难忘体验。体验事实上是当一个人达到情绪、体力、智力甚至是精神的某一特定水平时，他意识中所产生的美好感觉。此时，顾客看重的是一种“以人为本”的感受。

④功能价值。是指产品、服务中，用于满足顾客某种使用需要的基本物理属性。此时，顾客看重的是产品、服务的某种功能，获得的是一种标准化的有形产

品或无形服务。这是一种最基本的传统价值。

2. 定位方法

定位的具体方法非常多，且在不断开发之中，这里介绍几种常见的定位方法以供参考。

（1）根据产品能给顾客提供的利益定位。产品利益定位不是告诉顾客本企业(品牌)的产品(服务)具备什么样的特性，而是要告诉顾客，这些属性对于顾客有什么样的功效，能够给顾客带来什么利益。常用的产品功效或利益层面定位主要包括适用性、可靠性和性价比等。

（2）根据企业的竞争地位定位。根据企业在市场上的竞争地位，可以将企业分为市场领先者、市场挑战者、市场追随者和拾遗补缺者。竞争地位的差别也提供了一种定位方式。例如，我们可以说出世界第一高峰、世界第一深海洋，但可能说不出第二或第三。所以，“第一”就是一种重要资源，让人们记得你，就是成功的一半。

（3）根据核心意愿进行定位。所谓核心意愿就是，根据信念、价值或情感等抽象层面进行定位。卓越的品牌往往都会在核心意愿上进行定位，比如：联邦快递——使命必达；海尔——真诚到永远；戴比尔斯(DeBeers)——钻石恒久远。

（4）根据产品特性定位。产品特性包括生产制造该产品的技术、设备、生产过程以及产品的功能等，也包括与该产品有关的原料、产地、历史等因素，这些特质都可以作为定位要素。例如，国窖1573酒是以历史定位，裘皮大衣是以原料定位。

（5）根据质量和价格定位。质量和价格本身就是一种定位。有些人认为，高质就对应高价，所以高质高价就可以作为一种定位方式。但有的企业却反其道而行之，例如，日本汽车，质高而价不高，使顾客价值得到提升，提高了竞争力。

二、企业估值

企业估值是指着眼于企业本身，对企业的内在价值进行评估。企业内在价值决定于企业的资产及其获利能力。

企业估值是投融资、交易的前提。一家投资机构将一笔资金注入企业，应该占有的权益首先取决于企业的价值。而一个成长中的企业价值几何？这是一个非常专业、复杂的问题。

财务模型和公司估值是投资银行的重要方法，广泛运用于各种交易，如筹集资本、收购合并、公司重组、出售资产或业务等。

企业估值有利于我们对企业或其业务的内在价值（Intrinsic Value）进行正确评价，从而确立对各种交易进行定价的条件。同时，企业估值是投资银行尽职调查（Due Diligence）的重要部分，有利于问题出现时投资银行的免责。

对于投资者而言，企业估值是最重要、最关键的环节，估值是宏观形势、行业及财务分析的落脚点，所有分析从根本上讲，都是为了提供一个企业估价的基础，然后以此为依据做出投资与否的决定。

1. 企业估值理论和方法

企业估值理论与方法可以分为贴现法与相对估值法两类。

（1）贴现法。美国估值专家 Shannon P.Pratt 在其专著《企业估值》中认为："企业权益之估价，以一种普遍公认的理论框架为基础，从理论上讲，企业权益价值取决于该部分权益的未来利益。这些未来利益应该按适当折现率贴现。"博迪投资学指出：股票每股内在价值被定义为投资者从股票上所能得到的全部现金回报，包括红利和最终售出股票的损益，是正确反映风险调整的利率贴现所得的现值。其中，Pratt 所讲述的未来利益没有确指，可以理解为未来股利、未来自由现金流量、未来净收益。而博迪所表述的现金回报理念则是当下普遍采用的做法。时至今日，估值贴现模型可归纳为股利折现模型、自由现金流折现模型、收益(盈余)折现模型三种模型。这些方法在理论及逻辑推理上是最为完备、最为严密的体系,在实际中被广为采纳,但是不同模型也存在其各自的缺陷。

①股利折现模型。最早由 Williams 于 1938 年提出。他认为，股票价值等于持有者在企业经营期内预期能得到的股息收入按合适折现率计算的现值,这是公认的最基本的估值模型。但是由于我国资本市场发展现状等原因,股利政策更多是公司管理层人为主观决策行为，股利发放与否与价值没有必然联系，盈利公司不支付股利或亏损公司支付股利现象多有发生。上述问题的产生使得该模型在某些时候显得力不从心。

②自由现金流折现模型。该模型认为，企业价值等于企业未来各年自由现金流量按照适当贴现率计算的现值之和，并由此扣除债权价值得出股权价值与股票价值。该模型假定企业面临一种相对完善的市场环境，即制度环境、经营环境是稳定的，企业持续经营，投资者具有理性一致预期等。但是该模型不适用于引入期企业和那些经营周期相对于经济周期变化不确定的企业等。

③收益(盈余)折现模型。通过将未来会计盈余贴现作为估值基础。该方法基于以下原理:Watts 与 Zimmerman（1986）提出，会计盈余可以视为已实现现金流量替代变量；或者基于 Beaver（1998）提出的 3 个假说，把会计盈余与估值联结起来，即将当前会计盈余与未来会计盈余相关联，未来会计盈余与未来股利相联结，未来股利与当前估价相联结。该模型相对于现金贴现模型而言，其会计收益指标更容易被上市企业粉饰。

（2）相对估值法。贴现法在实务中被大量采用，但其缺点也显而易见，且计算烦琐,存在较多主观因素，企业与企业之间难以进行对比。Aswath Damodaran

（1967）提出相对估价法，即通过寻找可比资产或企业，依据某些共同价值驱动因素，如收入、现金流量、盈余等变量，借用可比资产或企业价值来估计标的资产或企业价值。根据价值驱动因素不同，可以分为市盈率估价法、市净率估价法、重置成本法、市价与销售收入比率法、企业价值与 EBITDA 比率法等。

支持相对估值法优势如下：相对于贴现法而言，相对估值法更容易被投资者理解，它只需要较少的假设与数据，计算更快，衡量的是相对价值，有助于企业间进行对比。反对理由如下：估值是比较复杂的分析与计算过程，而相对估值法运用单一乘数估值，如此更容易忽略诸如现金流、风险、增长、战略等重要估值因素；乘数选择、可比企业或资产选择具有较大主观性，容易被操纵；相对估值使得标的价值容易受可比企业或资产价值高估或低估影响。

相对估值法简单易懂，也是最为投资者广泛使用的估值方法。在相对估值方法中，常用的指标有市盈率（PE）、市净率（PB）、EV/EBITDA 倍数等，它们的计算公式分别如下：

市盈率 = 每股价格 / 每股收益

市净率 = 每股价格 / 每股净资产

EV/EBITDA= 企业价值 / 息税、折旧、摊销前利润

其中：企业价值为公司股票总市值与有息债务价值之和减去现金及短期投资。

2. 企业估值影响因素

依据以上估值理论，企业估值影响因素包括现金流、贴现率、可比企业等。实践中，估值受企业基本面、行业因素、宏观经济因素及投资者心理预期等影响，具体如下：

（1）企业基本面。公司规模、市场占有率、盈利能力、现金流量、资本结构、企业治理等都会影响企业估值。这些因素决定了公司在行业的地位与竞争力高低，规模大、市场占有率高、盈利能力强、治理完善的企业具备较强定价主动权与较低经营风险；现金流充足、资本结构合理的企业具有较低财务风险，这些都会迅速提升企业价值，获得市场对企业较高的估值。

（2）行业因素。行业类型、行业生命周期、行业竞争态势等直接决定了行业盈利模式与竞争结构。自然垄断或政策垄断行业可以获得稳中有升的利润，现金流增长快，风险较小，资金成本较低，市场预期良好，从而估值水平较高。那些充分竞争传统产业，行业盈利能力低下，经营风险高，现金流不稳定，投资者要求较高回报率，市场将会降低估值预期。

（3）宏观经济因素。利率、通胀率、汇率等是影响估值的外在基础因素。宏观经济处于繁荣上升阶段时企业经营环境良好，社会需求上升，有助于拉高企业估值水平。宏观经济衰退时，社会需求不足企业盈利下降，投资者将调低企业估值水平。同时，利率、通胀率、汇率变化将通过影响资金成本与投资回报率来影响贴现率，从而改变投资者估值大小。

（4）心理预期。心理预期是一种综合因素反映，即指投资者综合考虑交易制度、宏观经济因素、历史交易信息等因素的影响，主要包括投资者对投资未来现金流与必要报酬率的估计。

总之，公司估值是一门艺术，体会其真谛需要艰苦的历练。民营企业与价值投资者必须重视估值，没有估值，就无法确定安全边际；要放弃学院派的繁杂的估值方法，更要放弃传统的“EPS 预测 +PE 估值”法，化繁为简。要相信，只要运用正确的方法，坚持不懈，多下苦功夫，掌握好一些行业的背景知识，估值的难题是可以破解的。

第六节 资本路径规划

民营企业做融资时，设计一个具备前瞻性的资本路径，更容易达到预期效果。

2004年6月16日，腾讯上市，造就了5位亿万富翁、7位千万富翁和几百位百万富翁。

上市前腾讯注册资本为6500万元人民币，香港挂牌上市后，股票票面价值为3.7港元发行，第二年腾讯控股开始发力飙升，当年底股价达到8.30港元，年涨幅达78.49%；2009年，腾讯控股以237%的年涨幅成功攀上100港元大关；2012年2月，股价为200港元，此后新高不断；2014年3月该股股价突破600港元大关，5月将一股拆为五股，单股股价为136港元，总市值达到1500多亿美元。也就是说，上市前投资1元原始股，变成了14400元。

腾讯作为国内互联网领域巨头之一，上市前的每次风险融资过程都伴随着股份的快速升值，由此可见，企业在资本的推动下做融资，往往更容易收到预期效果。

一般来说，天使轮投资者进入，公司会获得2~5倍的溢价空间；风险投资者进入，溢价为6~8倍；专业私募股权投资基金的进入，会让公司溢价达到8~10倍；企业上市，则会出现更高的溢价空间，最少在22倍。

如果公司某个高管在创业初期成为股权激励对象，以1元1股的价格持有10万股股份，天使轮投资者进来时，公司溢价3倍，A轮风险投资者进入，溢价5倍，B轮风投进入溢价7倍，C轮进入溢价8倍，公司上市时候，溢价就会高达30倍。如此，每次风投进来该高管都会获得套现退出的机会，持有的股份价值还会不断上涨。上市后卖出自己的股份，原来的10万元就会变成300万元。

良好的资本路径为股权激励对象提供了巨大的想象空间，为了尽快实现当初的梦想，激励对象定然会更加努力，帮助企业提升价值，推动企业早日进入资本市场，获得更大的溢价空间。

第四章 学习投融资常识

第一节 基本术语要懂

通常，为了生产与资本经营的维持和发展，企业都需要进行融资，最终目的都是获取经济效益，实现股东价值最大化。但是，促进一笔融资洽谈成功的因素有很多，关键还是民营企业的商业模式、团队实力、项目前景，但在融资谈判的过程中，给投资者留下一个良好的印象极为重要。

如果想给投资方留下一个好印象，首先就要掌握基本的投融资术语。连基本知识都不了解，在投资者面前闹了笑话，不仅会影响谈判者个人，还会对公司的发展造成负面影响。

一、工作资产

工作资产是一些短期资产，包括银行存款、用于短期投资获得利息的资金、存量资金，以及能收回的应收账款减去流动负债得到的流动资金，知道手头有多少可能使用的资金就可以做出短期决策。例如，如果公司有 50 万元流动资产和 35 万元流动负债，就会有 15 万元自由流动的工作资金。

二、投资回报 (ROI)

ROI 是唯一一个可以衡量投资的标准。投资者将资金投入到某个民营企业，使该企业得到收入，这些收入不仅能付清所有运营成本，还可能出现盈利。按照投入资产的资金分配盈利，这部分分得的盈利就是投资者的投资回报 ROI。盈利和投入总资金的比值越大，ROI 越高。

三、筹资成本

这个指标是筹资的真正成本。有些资金是通过债务的方式取得的，债权人没有多大风险，成本也不高；有些资金是通过权益资本的方式取得的，投资者承担了大部分风险，成本比较高。债务低于成本，权益资本高于成本，于是就引出了一个指标——筹资资本。

四、筹资综合成本率

如果公司采用的是债务和权益相结合的方式，筹资综合成本就是公司每年支付的成本。考虑一个新的投资时，内部报酬率至少要等于筹资平均成本率，如果无法满足这个条件，收入无法支付成本，采取新项目，也就没有任何意义了。

五、非系统风险

非系统风险指的是针对某个个别企业的风险，比如公司产品、购买者和促销方案、价格、IT 系统等，可以通过各种途径化解。面对额外风险、系统风险和非系统风险，期望的回报总是跟风险联系在一起：风险越低，回报越低；风险越高，回报越高。

六、固定资产基础

固定资产是民营企业采取长期策略的基础，具体体现为：机器、设备、汽车和厂房、IT 设施等。从财务的角度看，这些资金都能产生收益。当投资者决定投资某个固定资产时，该资产就会成为公司工作的基础，为用户提供业务和服务。

七、内部报酬率 (IRR)

这是投资者做决策时必看的一个指标。不同于 ROI，IRR 是投资者对整个项目的净回报的期望值，比较简单。投资，需要特定的投资者能够接受的 IRR，如果民营企业达不到这个 IRR，投资者就不会投资。

八、额外风险

投资者都知道，自己做的每个决策都是有风险的。如果项目 A 的风险比项目 B 的高，那么投资项目 A 就会有额外风险，额外风险也会带来额外收益。投资者总会考虑额外风险带来的收益和成本是否相称。

九、额外的选择权

在真正的交易中，卖主交易、分销安排、设置租赁或融资、雇用和投资决策等，一方总会给另一方提供某个机会，投资者会为额外的选择权付出成本，而成本的大小则由合同确定。

十、系统风险

所谓系统风险不是针对某个个别民营企业的风险，而是全行业风险。比如，利率水平的调整、世界经济的整体变动、雇用某种技术工人难易度的改变等，这些事实都无法人为改变。

第二节　最适合的融资方式

巧妇难为无米之炊，企业的发展离不开资金的支持。在企业发展过程中，如何根据自己的实际状况进行融资呢？答案就是，选择适合自己的融资方式。

一、内源融资和外源融资

1. 内源融资

所谓内源融资是指企业不断地将自己的储蓄（折旧和留存盈利）转化为投资的过程，主要包括积累资金和沉淀资金。积累资金是企业税后利润用于扩大再生产的部分；沉淀资金是企业折旧资金在固定资金更新期限到来之前处于生产过程之外形成的“闲置资金”。

内源融资的资本形成具有原始性、自主性、低成本性和抗风险性等特点，是民营企业生存与发展不可或缺的重要组成部分。其中，折旧是以货币形式表现的固定资产在生产过程中发生的有形和无形损耗，主要用于重置损耗的固定资产的价值；留存盈利是内源融资的重要组成部分，是企业再投资或债务清偿的主要资金来源。

2. 外源融资

外源融资是指吸收其他经济主体的闲置资金，使之转化为自己的投资，具有高效性、灵活性、大量性和集中性等特点。主要分为直接融资和间接融资，而直接融资又分为股权融资和企业债券融资。在经济日益市场化、信用化和证券化的过程中，外源融资是民营企业获取资金的主要方式。

3. 二者关系

在市场经济条件下，民营企业融资也是一个由内源融资到外源融资的交替变换过程。民营企业创立之初，市场需求不旺，生产规模有限，无法承担高额负债成本，异常重视自有资本的积累，主要依靠内源融资来积累资金追加投资、扩大生产规模。随着生产规模的逐步扩大，内源融资无法满足企业生产经营需要时，外源融资就成了扩张的主要融资手段。

二、典型的融资方式

这里，就给大家介绍几种融资方式，看看哪种适合自己。

1. 银行贷款

银行贷款是企业发展融资的“蓄水池”，在民营企业中有着很强的群众基础。具体方式如表 4–1 所示。

表 4–1 银行贷款的具体方式

方式	说明
个人创业贷款	具有一定生产经营能力或已经从事生产经营活动的企业，为了发展而提出资金需求申请，经银行认可有效担保后，就能发放个人贷款。符合条件的借款人，根据资源状况和偿还能力，最高能获得单笔 50 万元的贷款支持；如果企业粗具规模，还能提出更高额度的贷款申请。这种贷款的期限一般为 1 年，最长不超过 3 年

续表

方式	说明
信用贷款	银行凭借对借款人资信的信任而发放的贷款，借款人不用向银行提供抵押物
贴现贷款	如果企业急需资金，以未到期的票据向银行申请贴现，也可以进行融资
担保贷款	以担保人的信用为担保，银行也可以发放贷款

当然，向银行贷款要做好打“持久战”的准备，因为申请贷款不仅要和银行打交道，还要经过工商管理部门、税务部门、中介机构等。手续烦琐，任何环节都不能出问题。

2. 合伙入股

合伙入股不仅可以有效筹集到资金，还可以充分发挥人才的作用，有利于对各种资源的利用与整合。合伙投资要特别注意以下问题：

（1）明晰投资份额。在确定投资合伙经营时，应确定好每个人的投资份额，平分股权，以免埋下矛盾祸根。采用不合适的股份额度，权利和义务相等，就无法实现经营意图。

（2）加强信息沟通。很多人合作的基础是感情好，对彼此放心，相互信任。如此，时间长了，很容易产生误解和分歧，不利于合伙基础的稳定。

（3）事先确立章程。合伙人不能因为大家感情好，或有血缘关系，就舍弃了企业章程。没有章程，是合作的大忌。

3. 民间借贷

民间借贷一般都发生在经济较发达、市场化程度较高的地区，例如广东、江浙等地区。这些地区经济活跃，资金流动性强，资金需求量大，市场存在的现实需求，决定了民间借贷的长期存在。

借贷过程中，要注意这样几点

（1）借据要素要齐全，借贷双方应就借贷的金额、利息、期限、责任等内容签订书面借据或协议。

（2）法规规定，民间借贷的利率可以适当高于银行贷款利息，但最高不能超过银行同类贷款的 4 倍，否则就变成了“高利贷”，不受法律保护。

（3）将利息计入本金中计算复利(即利滚利)，不受法律保护。

4. 跟 VC 做伙伴

VC 是“Venture Capitalist”的简称，即风险投资者。风险投资也叫“创业投资”，一般指对高新技术产业的投资。很多民营企业融资的时候，都会将 VC 看作是掏钱的人。

其实，VC 是合作伙伴。一旦确立了合作关系，他们就会对你的公司有所掌控，VC 不仅在产品开发、扩大规模等方面有很多经验，还会提供重要的增值服务。因此，选择 VC 的时候，不仅要对他们进行评估，更要确信他们是不是合适的伙伴。

5. 融资租赁

所谓融资租赁指的是转移与资产所有权有关的风险和报酬的租赁，以承租人占用融资成本的时间计算租金。融资租赁是集贸易、金融、租借为一体的综合性金融产品，出租人提供的是金融服务，而不是租借服务，借助“租赁”这个载体，既是对金融的创新，也是对贸易的创新。

第三节　掌握融资的手段

目前，各地实行和创新出来的民营企业融资方式主要有以下 9 种：

一、综合授信

所谓综合授信就是银行对经营状况好、信用可靠的企业，在一定时期内授予一定金额的信贷额度，在有效期与额度范围内，企业可以循环使用。

综合授信额度由企业一次性申报材料，银行一次性审批。民营企业可以根据自己的营运情况分期用款，随借随还，不仅方便了企业借款，还节约了融资成本。

银行采用这种方式提供贷款，一般是对有工商登记、年检合格、管理有方、信誉可靠、同银行有较长期合作关系的企业。

二、信用担保贷款

目前在全国各个省、市、自治区中，已经有数百个城市建立了民营企业信用担保机构。这些机构大多实行会员制管理，属于公共服务性、行业自律性、自身非营利性组织。担保基金的来源，一般由当地政府财政拨款、会员自愿交纳的会员基金、社会募集的资金、商业银行的资金等组成。会员企业向银行借款时，可以由民营企业担保机构予以担保。

此外，民营企业还可以向专门开展中介服务的担保公司寻求担保服务。如果企业无法提供银行所能接受的担保措施，比如抵押、质押或第三方信用保证人等，就可以由担保公司来解决。因为与银行相比，担保公司对抵押品的要求更灵活。当然，为了保障自己的利益，担保公司还会让企业提供反担保措施，甚至还可以委派成员到企业监控资金流动情况。

三、个人委托贷款

个人委托贷款由中国建设银行、民生银行、中信实业银行等商业银行相继推出，即由个人委托提供资金，商业银行根据委托人确定的贷款对象、用途、金额、期限、利率等，代为发放、监督、使用并协助收回。

办理个人委托贷款的基本程序是：①委托人向银行提出放款申请；②银行根据双方的条件和要求进行配对，分别向委托方和借款方推介；③委托人和借款人直接见面，就具体事项和细节进行洽谈并做出决定；④借贷双方谈妥要求条件后，一起到银行，分别与银行签订委托协议；⑤银行对借贷人的资信状况及还款能力进行调查并出具调查报告，借贷双方签订借款合同，经银行审批后发放贷款。

四、票据贴现融资

票据贴现融资是指票据持有人将商业票据转让给银行，取得扣除贴现利息后的资金。在我国，商业票据主要是指银行承兑汇票和商业承兑汇票。

关键在于银行不是按照企业的资产规模来放款的，而是依据市场情况（销售合同），企业收到票据至票据到期兑现之日，少则几十天，多则300天，在这段时间资金处于闲置状态。企业利用票据贴现融资，手续更简单，融资成本也很低。

五、金融租赁

金融租赁集信贷、贸易、租赁于一体，主要特征是租赁物件的所有权与使用权相分离。设备使用厂家看中某种设备后，就可以委托金融租赁公司出资购得；然后，以租赁的形式将设备交付给企业使用。当企业在合同期内把租金还清后，最终还会拥有该设备的所有权。

通过金融租赁，企业用少量资金，就能取得所需的先进技术设备，完全可以一边生产一边还租金，对于资金缺乏的民营企业来说，这种方式确实能速投资、扩大生产；就某些产品积压的企业来说，金融租赁还是促进销售、拓展市场的好方法。

六、买方贷款

如果产品的销路可靠，但资本金不足、财务管理基础差、可提供的担保品或寻求第三方担保比较困难，银行就能按照销售合同对其产品的购买方提供贷款支持。为了解决生产过程中的资金困难，卖方可以向买方收取一定比例的预付款；也可以由买方签发银行承兑汇票，卖方持汇票到银行贴现。

七、出口创汇贷款

如果民营企业主要做的是产品的生产和出口，银行就能根据出口合同，或进口方提供的信用签证，提供打包贷款。对于有现汇账户的企业，可以提供外汇抵押贷款；对于有外汇收入来源的企业，可以凭结汇凭证取得人民币贷款；对于出口前景好的企业，可以商借一定数额的技术改造贷款。

八、自然人担保贷款

2002 年 8 月中国工商银行率先推出自然人担保贷款业务，自此工商银行的境内机构，对民营企业办理期限在 3 年以内信贷业务时，就可以由自然人提供财产担保并承担代偿责任。自然人担保可以采取三种方式：抵押、权利质押和抵押加保证。能够作为抵押的财产包括：个人房产、土地使用权和交通运输工具等。

九、无形资产担保贷款

依据《中华人民共和国担保法》有关规定，依法可以转让的商标专用权、专利权、著作权中的财产权等无形资产都可以作为贷款质押物。

第五章 做好面对市场的准备工作

第一节 应对同业竞争

一、同业竞争的定义和形成

所谓同业竞争就是拟融资公司与控股股东从事相同的业务或具有竞争性的业务。拟发行企业与控股股东或并行子公司之间是否存在同业竞争，是影响企业能否顺利上市融资的关键。

在世界范围内，监管机构都将有效避免同业竞争作为IPO应遵循的原则之一。因此，拟融资企业在提出发行申请前，就要避免主要业务与实际控制人及法人从事相同、相似业务的情况，避免同业竞争；如果存在同业竞争，就要制定具体的解决措施。

二、如何判断发生了同业竞争

同业竞争主体的判断，应从实际控制角度来划分：

第一类包括公司的第一大股东、通过协议或公司章程等对企业财务和经营政策有实际控制权力的股东、可以控制公司董事会的股东、与其他股东联合可以共同控制公司的股东。

第二类包括上述股东直接或间接控制的公司，也就是拟上市公司的并行子公司。

同业竞争内容的判断，不仅局限于从经营范围上做出判断，更需要遵循“实质重于形式”的原则，从业务的性质、业务的客户对象、产品或劳务的可替代性、市场差别等方面进行判断；同时，还要充分考虑对拟上市企业及其股东的客观影响。

三、同业竞争的形成与判断

通常，同业竞争的形成与未进行“完整性重组”有直接关系。公司改制时，发起人如果无法将构成同业竞争关系的相关资产、业务等全部投入股份公司，股份公司现有的经营业务与控股股东就会形成一定的竞争关系。

在大型国有企业、跨国集团以及民营企业作为主要发起人的情形下，容易出现同业竞争的问题。

同业竞争内容的判断，不仅可以从经营范围上做出判断，还要遵循“实质重于形式”的原则，从业务的性质、业务的客户对象、产品或劳务的可替代性、市场差别等方面进行判断。同时，还要充分考虑对拟融资企业及其股东的客观影响。

在这个过程中，既不能简单地判断同业竞争关系，也不能简单地要求避免任何层面上的同业竞争关系。只要能通过解释、说明等方式取得监管机构认可，就能用少量的精力去解决同业竞争问题。

四、解决同业竞争的方法

如果同业竞争不得不解决，拟发行人应与中介机构制订出解决方案，彻底解决同业竞争问题。同业竞争问题的解决，一般可以采取以下几种方式：

（1）拟融资公司在有关股东协议、公司章程等文件中规定避免同业竞争的措施，并在申请发行上市前取得控股股东同业竞争方面的有效承诺，承诺将不以任何方式直接或间接地从事或参与跟股份公司竞争有关的其他业务活动。

（2）拟融资公司与竞争方股东协议解决同业竞争问题，竞争方股东做出“今后不再进行同业竞争”的书面承诺。

（3）通过收购、委托经营等方式，将竞争的业务集中到拟融资公司，但不能用首次发行的募集资金来收购。

（4）竞争方股东或并行子公司将相竞争业务转让给无关联的第三方。

（5）拟融资公司放弃存在同业竞争的业务。

第二节 营销策略

一、民营企业品牌营销面临的问题

现在市场环境越来越恶劣，调研显示，一些大品牌的年销售额同比下跌幅度都超过了 10%，消费者的消费欲望明显下降，民营企业逆袭的可能性越来越低。民营企业品牌营销面临着三个问题：

1. 用户消费欲望降低

用户的消费欲望明显下降，愿意花钱的人越来越少，不但没有增加用户数量，还减少了存量；再加上巨头的逆势扩张，要想从别人的地盘抢生意，异常困难。对于民营企业来说，品牌营销更是难上加难。

2. 用户越来越情绪化

移动互联网时代，用户被越来越多的信息所包围和轰炸，越来越情绪化，低刺激度的内容（包括广告或公关信息）会让用户产生厌恶情绪，严重影响营销信息的用户到达率。

3. 流量越来越不可控

很多民营企业把品牌营销策略从去中心化重新转向中心化，即使大家都承认去中心化传播的成本更低，但因为去中心化的结果不可控，企业主也只能放弃。

二、民营企业的营销策略

大公司有大公司的好处，小公司也有小公司的优势，这点一定要尽情发挥和运用。

民营企业管理费用不多，产品成本可以优于大公司；部门结构简单，在服务的速度上可以超过大公司。相信，公司产品与大公司的产品相比，同等的质量上价格更具优势，服务上面同样如此。目前，只要应用这两点，完全可以在一级市场占领一片天地。

1. 市场细分，夹缝经营策略

一方面，民营企业规模小，竞争实力弱，不能与大企业面对面“碰撞”；另一方面，机动灵活，适应性强，适宜采取拾遗补缺、夹缝经营战略。采取这一经营战略，关键要找到民营企业经营上的补缺或拾遗的空间。所谓拾遗，就是寻找市场上被大企业忽视或没有提供足够有效服务又具有开发价值的市场空白。理想的市场补缺应具备以下几方面条件：具有足够的规模和一定的开发潜力；大企业或竞争对手忽视或不重视，民营企业又有足够的资源和技术能力；补缺市场上的产品寿命周期较短，生产工艺简单，投资少，见效快。民营企业必须接连不断地创造开发新的补缺市场，依靠多种补缺减少经营风险，增加盈利能力和生存机会。

2. 联合销售策略

目前，激烈的市场竞争使越来越多的企业由原来的敌对走向合作，企业之间通过联合销售的方式，达到双赢。民营企业也可以采用联合的方式进行销售，以合同为纽带，在市场营销中的各个方面展开合作。采用联合销售，可以让民营企业的资源得到合理配置，有利于企业突破自身能力的限制，以较少的资金和较短的时间形成较大的销售能力，缩短产品流通时间，提高销售效率。但是，由于联合销售是一种松散型的组织，联合体中的各企业间都必须以合同为依据，在自律及相关的法律、法规的约束下，减少出现的纠纷或问题，保障联合销售走上正常、健康的互惠道路。

3. 集中优势，产品差别化策略

民营企业资金有限，无法像大企业那样进行大批量生产，更不能通过公关、广告宣传等促销手段或低价格战术等来占领市场。比较适应小批量多品种的生产，可以将市场定位在个性化、独特化的生产领域，尽量实现产品的差别化和高级化。

对能有效发挥企业特长的市场空间，要重点投资，密集型经营，走专业化经营道路，提高市场占有率。

4. 充分利用外部销售网络

大型企业凭借其雄厚的实力，可以建立起遍布全国甚至全世界的庞大的销售网络，向市场推销其产品。民营企业受实力所限，没有自己的销售网络，要借助企业外部的销售网络，如传统的批发商和零售商，或通过与大企业的分包，借助大企业的销售网络来销售产品。充分利用外部力量来进行销售，有利于民营企业提高销售量，降低销售成本，并实现销售渠道的多样化。

5. “寄生”营销策略

为了生存，民营企业完全可以依附大企业。目前，OEM（业务外包生产）就是大企业与民营企业之间合作的主要方式，即小企业接纳大企业转移出的部分产品生产线，在大企业的技术指导与质量监督下，其成品以大企业的品牌包装进入市场。如此，民营企业就能集中力量生产某项零部件，走专精优的道路。

第三节 上下游渠道搭建

融资租赁公司的成长过程，要受到融资规模、投放规模、注册规模等三种因素的交互影响，是一个螺旋上升的发展过程。如何拓宽自身的融资渠道，是制约民营企业发展的主要问题之一。概括起来，上下游的渠道主要有：

一、资产证券化

随着资产证券化备案制的不断落实、融资租赁资产被纳入ABS基础资产的落地，以及融资租赁资产证券化业务的不断成熟，资产证券化也就成了融资租赁公司的主要直接融资方式。这种方式，能帮助民营企业拓宽融资渠道，降低间接融资在整个负债端结构的占比，实现融资渠道的多样化。同时，通过结构化的设计，获得更高的信用评级，还可以降低融资成本。

目前，随着资本市场利率的走低，民营企业的发行资产证券化产品的利率也在逐渐下行。相较于金融债、公司债、中期票据，资产证券化的发行规模不会受到净资产的限制，募集资金用途比较灵活。此外，通过结构性产品债向评级，还能吸引投资者并获得相对较低的融资成本。

二、银行保理融资

目前，我国大多数属于初创的企业，很多还达不到股权融资规模，银行保理融资也就成了这些企业的选择。这种方式，既可以降低民营企业向银行融资的难度，还可以提供退出渠道。借助于商业银行的保理融资，能够将应收租赁款提前变现，有利于民营企业滚动办理更多的融资租赁业务，放大业务规模，实现财务杠杆效应。

第六章 熟知市场的融资平台

第一节 地方融资平台

地方融资平台一般都是由地方政府发起设立，通过划拨土地、股权、规费、国债等资产，迅速包装出一个资产和现金流均可达到融资标准的公司，必要时再辅之以财政补贴作为还款承诺，承接各路资金，进而将资金运用于不同的项目。

一、地方融资平台的追溯

地方政府融资平台的产生和发展有一定的客观必然性，是投融资体制创新的一种尝试，其风险的形成来自多种因素的综合作用。

1. 商业银行的短存长贷

开始的时候，地方政府投融资平台的贷款主要来自开发银行，后来各家商业银行蜂拥而至。地方政府平台贷款一般由地方财政担保，即使没有担保，因为是政府项目，商业银行依然愿意贷款。但是，地方政府投融资平台状况不透明，银行从地方政府获得的财政金融信息有限，无法全面把握平台负债状况，而地方政府投融资平台从事的基础设施的建设周期一般都比较长，贷款都是中长期的。

开发银行属于政策性银行，拥有比较稳定的长期资金来源，资金贷款的期限比较固定；商业银行涌入领域后，信贷风险就容易出现期限的错位。

2. 平台资产质量及职能

开始的时候，地方政府投融资平台主要做的都是基础建设项目，后来发现，从银行贷款可以做很多地方政府想做的事情，于是原本可以由民营企业去做的事情也由地方平台代替了。

从成立平台公司到银行贷款，地方政府财力有限，平台资本金不足，自身的抗风险能力自然也就大大降低；再加上一些地方政府的投融资平台治理结构不健全，管理和经营水平都不高，让平台的风险不断聚集。

3. 地方财政顾此失彼

1994 年我国分税制改革成功，中央财政收入的比重快速提高，基本实现了改革的预期目标，但是也出现了财权上收和事权下放的倾向。地方政府要做的事情很多，但是财源有限，预算法又不允许公开举债，只能成立地方政府投融资平台，向银行贷款。

该平台隐藏着较大的风险，因为按照现有的法规，地方政府对贷款进行担保，是一种违规行为；同时，一些地方政府的隐性负债比较严重，有些担保并不务实。

二、地方融资平台常用融资方式

1. 债券融资

前面已经有所介绍，这里不再赘述，下面举个例子说明。

某普通企业 A 发展需要钱，便以每年 10% 的债权向投资公司借了 100 万元，占用时长 3 年。企业第一年扩大产能，盈利 50 万元，投资公司按照债权利息得到 10 万元的利息；第二年盈利 200 万元，投资公司依然得到 10 万元的利息；第三年继续扩大产能，盈利 500 万元，投资公司分得 10 万元利息。在第三年公司 A 偿还了 100 万元的本金，与投资公司解除了关系。如此，投资公司一共得到了

（10 万 +10 万 +10 万）30 万元。

企业债券，也叫公司债券，是企业依照法定程序发行、约定在一定期限内还本付息的有价证券，代表了发债企业和投资者之间的债权债务关系，是一种有价证券，可以自由转让。

债券持有人虽然不会参与企业的经营管理，但有权按期收回约定的本息。在企业破产清算时，债权人可以优先于股东享有对企业剩余财产的索取权。

2. 股票筹资

股票具有永久性，没有到期日，不用归还，没有还本付息的压力，筹资风险较小。股票市场可以促进企业转换经营机制，真正成为自主经营、自负盈亏、自我发展、自我约束的法人实体和市场竞争主体。同时，股票市场为资产重组提供了广阔的舞台，不仅能优化企业组织结构，还能提高企业的整合能力。

3. 融资租赁

所谓融资租赁就是通过融资与融物的结合，兼具金融与贸易的双重职能，不仅能提高企业的筹资融资效益，还可以推动与促进企业的技术进步。融资租赁分为：直接购买租赁、售出后回租和杠杆租赁。此外，还有租赁与补偿贸易结合、租赁与加工装配结合、租赁与包销相结合等多种租赁形式。

4. 银行贷款

银行是民营企业最主要的融资渠道。按资金性质来分，主要分为：流动资金贷款、固定资产贷款和专项贷款。其中，专项贷款有特定的用途，贷款利率比较优惠，贷款分为信用贷款、担保贷款和票据贴现。

融资租赁为企业技术改造开辟了一条新的融资渠道，采取这种方式，不仅能提高生产设备和技术的引进速度，还可以节约资金使用，提高资金利用率。

第二节　第三方融资平台

第三方融资平台指独立于融资需求方与融资供应方，通过提供有价值的信息等增值服务，促进交易完成、提高交易效率为目的的第三方。在现实中，融资需求方主要有融资需求的个人、企业，而融资供应方更为多样化，有提供间接融资如企业贷款、个人贷款的银行等信贷机构，也有提供直接融资的金融机构。

第三方 融资平台主要有：

一、网络化融资平台

随着互联网的普及、金融行业的蓬勃发展，第三方融资机构从 2008 年金融危机起在网络上逐渐发展起来，未来网络化第三方融资必定成为趋势。

二、地方政府及金融机构类

近几年国内金融环境恶劣，各地政府和各类金融机构纷纷响应国家号召，大力推进第三方融资平台的发展，中国卓越的第三方融资平台融贷通，也在此时诞生。

三、线下实体经营

传统的线下第三方融资机构一直在蓬勃发展，多数已经通过与银行机构合作、与信托及投资管理公司合作等建立了有效的客户网络，为借贷双方提供了良好便捷的通道。

第三节　互联网投融资服务平台（P2B）

互联网投融资服务平台 (P2B)，是一种全新的微金融服务模式。

P2B 是“person–to–business”的简称，个人对 (非金融机构) 企业的一种贷款模式。其主要目标是为有小额贷款需求的企业提供贷款信息，发布信息；为有能力提供小额贷款的企业，提供贷款需求信息，发布贷款信息的推广服务；向会员提供相关第三方服务，例如：国家贷款的相关文件信息、企业在平台的借贷记录、借贷双方的资质评测等；解决民营企业小额借贷的问题，实现平台盈利。

P2B 的主要功能模块设计，根据对需求的分析，主要包括以下栏目：

一、借贷信息专区

该专区主要为会员发布借贷信息需求，会员可以根据自己的需要在该模块中发布自己的需求信息，可以查找其他会员的需求信息；该模块提供检索功能，会员可以依据自身实际情况，结合地域、金额、行业等不同要求检索信息。

二、借贷企业库

该区块主要提供会员的基本资料，包括企业名称、地址、行业、法人代表、担保人、企业规模等基本信息，进行借贷交易的企业可以查看核实，并作为参考依据。

三、企业借贷记录

该区块主要提供会员借贷的详细记录，包括合作方、借贷金额、借贷方式、借贷信用额度等基本信息，为企业借贷提供参考。

四、企业评估信息

该区块主要提供具有评估资质的评估公司信息，贷方有权要求借方提供公司或个人的评估信息，以此作为是否借贷的依据。

五、会员交流区

该区块是会员借贷经验的交流平台，还能进行相关信息的问答，提升民营企业的借贷思想。

六、网站平台介绍

该区块主要提供该第三方平台的基本信息，包括团队、联系方式等。

七、政府借贷政策

该区块主要提供最新的政府关于借贷交易的相关政策。

八、会员个人中心

该区块主要提供会员的基本信息，包括企业基本信息、个人基本信息、信用额度、信用评价、评估机构的评价结果等。

第四节 FA 公司

在市场中,“资本”二字意味着“一切”，催生更复杂的内部格局变动。在投资界，有一群人游走于投资者与企业之间，天然使命是消除交易双方信息不对称。

“FA”是英语“Financial Advisor”的缩写，即财务顾问，别名“新型投资银行”，可以为民营企业融资提供第三方的专业服务。

在企业融资和发展的过程中，财务顾问发挥着重要的作用。比如，京东、聚美优品等的成长过程，基本都有专业化的 FA 在服务。

一、FA 的价值

财务顾问是一种金融顾问行业，主要为有需要的客户提供理财服务，为法人、自然人、地区政府、行业等进行分析，提供财务报告和决策建议；为企业投融资、收购兼并和股份制改造、公司资产重组、管理机构的策划、公司上市前的财务安排、上市公司的财务重组等提供专业的金融服务。

从投融资角度来说，FA 的价值主要体现在：可以为民营企业提供有针对性的服务，可以实现最优匹配，可以让企业直接接触到投资机构决策层，可以引荐几家不同的投资机构，可以撮合交易，避免销售过度的现象，有利于融资成功。具体来说就是：

1. 梳理融资故事

关于融资故事的梳理主要涉及这样几个问题：分析市场上有哪些可比项目，现在都进行到什么阶段了；提炼项目优势，用投资者的语言更好地表现出来；为项目融资规划提出专业化建议，比如何时融资，融资多少合适，估值该定多少。

2. 对接合适的投资者

关于投资者的对接，主要涉及这样几个问题：介绍最契合企业发展形态和风格的投资机构，联系最适合的投资经理，提升沟通效率，提高投融资成功概率；作为第三方斡旋，促进沟通。

3. 协调从协议到交割的流程

从协议到交割的流程协调主要涉及这样一些问题：全程辅导，舒缓企业融资受挫的情绪，给予支持和建议；对投资合同谈判提出专业化的建议。

二、FA 行业生态大剖析

在财务顾问行业中，投资银行是比较典型的一类财务顾问企业，并不是普通意义上的商业银行或一般证券公司。传统型的投资银行包括证券发行和代理买卖等金融性业务；引申型投资银行包括基金管理、风险管理和直接投资等；创新型投资银行则主要包括企业兼并、收购和重组等策略性业务。

在我国，独立财务顾问行业比较注重资本市场与货币市场、一级资本市场与二级资本市场，以及直接融资与间接融资的协调发展。独立财务顾问公司与投资银行共同构成了财务顾问行业并推进该行业的发展。

根据现阶段国内财务顾问行业提供的服务范围，可以从证券发行、企业兼并收购、企业重组、项目融资及企业财务等方面进行分析。

1. 证券发行

目前，国内证券发行主要包括：首次公开发行、定向增发、公开增发、配股、可转债和债券发行。随着我国资本市场的逐步改革、股债市场的协调发展，国内证券发行融资额度逐年提高。

证券发行是资本市场中监管最严格的金融活动，需要专业的财务顾问公司协助企业发行人完成。现阶段，国内证券发行都设有执业牌照门槛，由证监会或其他相关部门监管，目前主要由证券公司投资银行部从事该领域的业务。随着国内资本市场改革深化，未来证券发行领域将进一步开放，IPO 注册制的推行与股债两市协调发展规划将大大刺激证券发行方面的财务顾问需求。

2. 企业兼并收购

随着经济全球化和市场竞争程度的加剧，企业迅速发展壮大、抢占市场是提高竞争力的重要手段。

内部扩张和并购扩张是企业寻求扩张与发展的两种选择，而内部扩张的过程很慢，多数企业会将并购作为公司升级扩张的方式，缩短投入产出时间，降低进入壁垒，获得最新技术，迅速扩大市场，减少竞争对手，实现多元化经营。

并购的定价、策略、程序、反并购策略及并购后的整合等，都需要积累专业的财务顾问知识与行业经验。通常，企业不会经常进行并购，自然也就不具备并购经验，需要跟专业的金融服务公司合作，接受企业并购的财务顾问服务。

3. 企业重组

企业重组是针对企业产权关系和其他债务、资产、管理结构所展开的企业改组、整顿与整合的过程，从而优化企业资产结构、负债结构和产权结构，以充分利用现有资源，实现资源优化配置，并从整体和战略上改善企业经营管理状况，强化企业在市场上的竞争能力，推进企业创新。

企业重组过程中的方案设计、募集资金、战略规划、公司治理等环节均要求专业的金融知识与实践经验的积累以及丰富的行业资源，因此，需要专业的财务顾问公司为其提供专业的服务。

4. 项目融资

现阶段，国内宏观经济进入新常态，稳增长成为未来几年的政策主旨，必然会带来新一轮基础设施及公共设施建设的大潮。各类基础设施建设项目进行融资时，需要财务顾问机构积极介入项目的规划和评估，包括进行项目的风险评估、确定结构性融资方案、安排融资方式、组织贷款银团、实施监督和管理等。

5. 企业财务

财务顾问机构担任企业财务顾问，主要是为企业提供财务分析诊断、投融资决策、项目评估、财务制度设计及资本运营等方面的服务。国内经济处于转型升级阶段，各行各业均谋求在新一轮产业升级过程中占据优势地位，必然会导致企业对融资需求的增加，促进企业对财务顾问服务需求的增加。

三、FA 主要从事的工作

民营企业融资基本上可以归纳为三个阶段：签订中介（也就是投资银行或融资顾问），寻找意向投资机构；实地考察，签订意向投资协议书；过会与打款。在三个阶段中，财务顾问都扮演着重要的角色，如表 6–1 所示。

表 6–1　民企融资不同阶段财务顾问扮演的角色

阶段	角色说明
签订中介	（1）企业方和投资银行（或者融资顾问）签署服务协议。协议包括投资银行为企业获得私募股权融资提供的整体服务。 （2）投资银行和企业组建专职团队，深入企业进行详尽调查。 （3）通过尽调的数据，投资银行与企业共同为企业设立一个合理估值，同时准备专业的私募股权融资材料。 （4）投资银行和相关 PE 的合伙人开电话会议沟通，向他们介绍公司情况。投资银行把融资材料同时发给多家 PE，并与他们就该项目的融资事宜展开讨论。 （5）投资银行代替企业回答 PE 的第一轮问题，并与这些 PE 进行密集沟通，目标是确定哪家 PE 对公司有最大的兴趣，谁会给出最高的估值，有相关行业投资经验，能够帮助公司成功不断发展。 （6）过滤、筛选出几家最合适的投资者。这些投资者对企业所在行业非常了解，对公司非常看好，会给出最好的价钱

续表

实地考察	（1）安排PE的合伙人和企业老板面对面会谈。投资银行通常会派核心人员参加会议，给企业介绍PE的背景，帮助老板优化回答问题的方式，并对所有的会议做总结。 （2）实地考察。PE会实地调查工厂、店铺或公司办公地点。企业不一定要参加，派相关人员陪同即可。但投行会全程陪同PE，保证他们的所有问题都能被解答。 （3）投资意向书。投资意向书是PE向企业发出的一份初步的投资意向合同，该合同会定义公司估值和一些条款，包括：出让多少股份、股份类型、完成最终交易的日程表等。 （4）投行和民营企业共同与私募股权投资基金谈判，帮助民营企业获得最合理的估值和条款。 （5）民营企业主决定接受哪个私募股权投资基金的投资，并签订投资意向书
过会打款	（1）投资经理拿着第一阶段投行准备的项目资料召开会议。 （2）PE做尽调，主要方向是财务、法律和经营。投资银行对于整个过程进行调整，并保证公司的律师、审计师和PE的律师、审计师等顺利合作。 （3）尽职调查结束后，PE发给最终投资合同。投资银行会和企业老板一起与PE谈判并签协议。 （4）签署最终合同，资金在15个工作日到公司账户上

第五节　风投公司

风投公司是“风险投资公司”的简称，是专门的风险基金（或风险资本），把资金有效地投入富有盈利潜力的企业，并通过后者的发展而获取资本报酬。

风投公司将资金投资于新的企业，可以帮助民营企业发展到可以“上市”的程度，即将股份出售给投资公众。一旦达到这一目标，就会售出自己在公司的权益，转向下一个新企业。

风险投资公司在投资领域的范围比较广泛，虽然在中国真正出现的时间并不长，但由于中国的特殊市场，近几年风险投资的发展速度也异常惊人。下面为大家介绍几个成功的风投公司。

一、摩根大通

摩根大通，是美国知名的最大金融服务机构之一，总部位于纽约，总资产为2.5万亿美元。其不仅投资了苹果、Facebook等知名的国外企业，还跟国内的很多企业建立了联系，比如平安、蒙牛乳业、四环医药、天合化工等。

二、红杉资本

红杉资本1972年成立于美国硅谷，在中国有着本地化的基金，这个名词出现在很多企业的幕后名单中，比如阿里巴巴、大众点评、赶集网、高德、京东、聚美、新浪等，甚至在中通快递中，也有它的影子。

三、DCM资本

这家风投公司总部位于美国，早期就开始专业从事风投工作。国内众多知名企业，同样跟它建立了合作关系，比如当当网、人人网、前程无忧、58同城、唯品会、互动百科等。

四、云锋基金

由国内众多大佬联合打造，实力不容小觑，投资企业有阿里巴巴、蚂蚁金服、小米、优酷、菜鸟、乐视体育。这家公司的参与者有马云、虞峰、沈国军、史玉柱等，都是业内的大佬。

五、经纬创投

总部位于美国波士顿，与红杉资本等风投公司齐名。作为一家大型的国际风投公司，投资的企业也有很多，比如滴滴出行、饿了么、ofo、暴风影音、陌陌、美柚、瓜子二手车等。

六、晨兴资本

晨兴投资来自于晨星集团，成立于美国，由香港恒隆地产的陈启宗和陈乐宗共同创立，投资的企业主要有搜狐、YY、中国国家地理、迅雷、小米、快手、天天动听、keep等。

七、DG技术创业投资基金

这家风投公司，不仅规模大且投资众多，还是最早进入中国的风投企业，百度、腾讯、暴风科技、汉庭酒店、美图、如家酒店等都有它的投入。

八、北极光创投

该风投公司由邓锋先生一手创办。迄今为止，投资的公司有酷我音乐、美团、汉庭酒店、互动百科、百合网等。

九、顺为资本

创始合伙人是雷军，比较注重互联网高科技行业的投资。目前，顺为投资的项目有小米、爱奇艺、丁香园、中华万年历等。

十、今日资本

今日资本是一家主要专注中国市场的投资基金，目前投资过的企业有京东商城、长城汽车、网易、美团、赶集、相宜本草等。

第六节　众筹平台

开始的时候，众筹仅仅是艺术家为创作筹措资金的一种手段，如今已经演变成民营企业争取资金的一个渠道。

众筹平台主要是通过“团购 + 预购”的形式，向网友募集项目资金。其利用互联网和 SNS 传播的特性，让小企业、艺术家或个人对公众展示他们的创意，争取众人的关注和支持，进而获得所需要的资金。

众筹的兴起源于美国网站 kickstarter，该网站搭建了网络平台，对公众筹资，有创造力的人可能获得所需要的资金，实现自己的梦想。这种模式打破了传统的融资模式，即使是普通人，也能通过该种模式获得资金。

最近几年，众筹平台如森林般迅速扩大，越来越多的公司和企业加入众筹平台，不仅给民营企业创造了机会，还成为企业资金来源的新途径。下面给大家介绍一些著名的众筹平台。

一、天使汇

天使汇众筹平台成立于 2011 年 11 月，是一个高效的融资路演品牌，优秀项目和智慧投资者能够以最快的速度完成融资交易。天使汇认为，靠谱的创业者本来就应该一次见遍所有优质投资者，从路演走到融资成功；而优质的投资者，更应该直接面对市面上最好的项目，高效迅速地决定投资意向。

二、爱创业

爱创业众筹平台成立于 2013 年 3 月，可以为创业者发布创业项目，获得融资机会；机构投资者也不用东奔西走，可以将各类优质项目握在手中。上线以来，已经帮助数十家企业完成融资，融资规模近亿元，已经上线并众筹的项目有车来了、车置宝、梦镜盒子、YIBOYO、景像精品酒店等。

三、点名时间

点名时间众筹平台是我国最早的众筹平台，成立于 2011 年 7 月，2012 年与北京、上海、杭州、深圳等地的硬件团队进行深度交流，对国内外数千个智能产品在众筹平台、销售渠道的数据表现做了分析，帮助硬件团队了解市场需求、掌握未来趋势，在业界建立起一定的口碑。

四、人人投

人人投成立于 2014 年 2 月，主要为实体店铺融资开分店提供便利众筹平台，口号是“投店铺”，目标是做股权众筹的品牌旗舰。自上线以来，通过不断改革和创新，为同行业的发展做出了重要贡献，为多家民营企业提供了一个高效、安全、落地的平台。

五、兴汇利

兴汇利众筹成立于 2014 年 5 月，主要为知名企业的股权投融资提供服务。

其以“孵化准上市企业资产证券化”为宗旨，依靠国内大消费类、行业龙头、TMT等优质企业，采用线上线下相结合的模式，以股权众筹为核心，开展投融资服务。

六、淘宝

淘宝众筹成立于2013年12月，是阿里旗下唯一众筹平台，由卖家发起。这里汇集了众多具有创新创意的未面市新品、有资质成型的项目方案，面向全网消费者筹资，完成项目方案的最终落地，最后以商品回报的方式回馈筹资者。

七、海创汇

海创汇众筹成立于2013年12月，依靠海尔生态产业资源及开放的社会资源，实现创新与创业、线上与线下、孵化与投资的系统结合，主要为创客提供投资、学院、供应链渠道加速、空间、工厂、创新技术等一站式孵化服务。

八、苏宁

苏宁众筹成立于2015年4月，拥有1600多家线下门店，例如实物众筹，项目不分线上线下，在实体店将项目同步开展，能够及时获取第一手用户信息，有利于产品进行固件优化升级等改良。

九、京东

京东众筹成立于2014年7月，是京东金融第五大业务板块。该平台门槛低，新奇好玩，全民都有真实参与感，主要分为四大类：公益众筹、产品众筹、股权众筹、债权众筹。

十、轻松筹

轻松筹成立于2014年8月，推出了众筹空间、诺筹－企业级众筹解决方案等。其重视产品研发和用户反馈，目标是做“小微企业投融资第一平台”。

第七章 企业不同阶段的融资策略

资本市场与企业生命周期的关系，如图 7-1 所示：

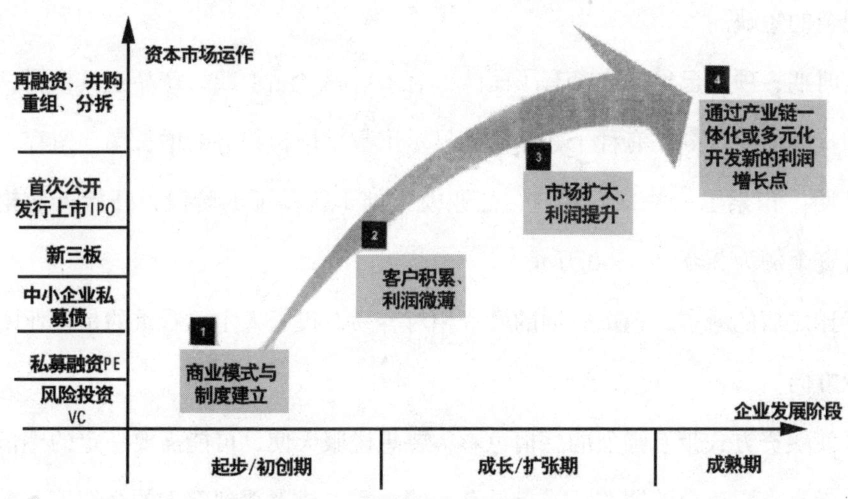

图 7-1 资本市场与企业生命周期的关系

第一节 种子期融资

在种子期内，企业可能只有一个创意或一项尚停留在实验室还未完全成功的科研项目。此时，未来的一切都不明晰，创意很可能成为空中楼阁，科研开发的成功性遥遥无期。

种子阶段的融资人，通常都只有想法和团队，没有具体产品的初始状态，不管做什么事，都需要亲力亲为。这一时期，需要投入的资金不多，除了使用融资人自己的资金，找亲朋好友周转，如果创意或项目非常好，还可以吸引风险投资者，甚至可以向政府寻求一些资助。融资金额约为 100 万元。

第二节 天使期融资

在这一阶段，资金困难是民营企业面临的最大问题。产品刚投入市场，销路还没打开，产品造成积压，现金的流出大于现金的流入。企业必须仔细地安排每天的现金收支计划，以免陷入资金周转困难的境地；同时，还要多方募集资金，弥补现金的短缺。

这时期，项目已经起步，有了团队，有了成熟产品上线，产品初具模样，制订了初步的商业规划，有种子数据或能显示出数据增长趋势的增长率、留存、复购等证明，积累了一些核心用户，商业模式处于待验证的阶段，开始天使轮融资，融资金额为 300 万 ~500 万元。

相比之后的融资，这个时期的融资相对容易，投资人主要看重的是创业团队和创业方向。

天使融资方式带有强烈的感情色彩，要想说服天使，可能需要一定的感情基础，或者是志同道合的朋友，或者是有亲戚关系，或者得到熟人的介绍等，融资的程序相对简单。

第三节 A 轮融资

一旦民营企业拥有了成熟的产品和完整详细的商业及盈利模式，同时在行业内拥有一定地位与口碑，有用户，有自己的商业模式，有能与竞品抗衡的成熟产品，并占据一定市场位置，但可能存在一定的亏损状态，已经不可能只凭借创意和想法进行融资，这时候就可以进行 A 轮融资。

在进行A轮融资时，多数的投资机构都会进行尽调（尽职调查），内容主要包括法律尽调、财务尽调。多数A轮尽调由律师事务所进行，创投机构很少参与。

进行尽调时，会使用尽调清单，主要包括：工商档案的资本证件、资质与相关资产证明、债务融资、税务运营、财务等基本数据。平常工作时先进行整理、对照，先做一个融资准备。

尽调清单中的法律要点主要有：

一、审查公司主体

主要包括：

（1）审查公司的设立和程序，公司何时设立、是否合法设立、注册资本多少、与投资机构间是否经历过股权变更、公司章程是否修正过。

（2）审查经营范围，要有与公司相适应的经营范围，即使涉及特殊的经营范围，也要包括在内。

（3）审查公司证照，例如网站，按照法律规定网站运营需要在国家部门进行报备，涉及电商交易一定要有ICP（因特网内容提供商）的备案。

二、公司团队与股权架构

主要内容包括：

1. 考察创始人团队是否稳定

不仅要看协议文件，也要对创始人进行分开约谈，了解公司情况，重点考察团队是否稳定，团队之前是否有大的分歧。

2. 考察股权架构

创始团队如果比较完整，投资机构一般会了解团队的股权结构，如果股权分配不合体，他们就会认为团队干劲不足。

三、企业资产权利

投资者会考察资产权利是否完整，资产包括房地产、汽车、股票等，当然互联网企业一般没有这些，互联网企业资产主要包括商标、域名、微信公众号、App 名称等。A 轮融资时，投资机构会看企业商标证书是否转让，著作权中的版权、设计文案，甚至广告词等能否进行版权跟进。

四、公司治理规范

公司治理与规范包括商会规则与历史规则和决议。所谓商会就是股东会、董事会、监事会，接受投资后必须要有董事会，董事会组成人员资历都要做谨慎的安排，投资机构会考察董事会的人员、职权、董事会章程等。

五、重大合同行为

从成立几个月到今天，投资者会将合同清单、合同金额履行情况、是否违约等进行调查。内容虽简单，但很重要，企业需要备案。

六、财务问题

即使律师负责尽调，也会关注财务，还会进行专门的财务尽调。关注点是，是否依法纳税，是否走了报税流程。

七、股价制度

常见的股价制度包括劳动手册，规章制度打卡、合同管理、法律事务等，其中合同管理最重要。

八、企业运营

运营方面的投资者不会太关注营收，但会关注运营方法，比如是否侵犯知识产权、是否合法。

第四节　B、C 轮融资

一、B 轮融资

公司经过一轮烧钱后，获得较大发展，一些公司开始盈利。商业模式、盈利模式没有任何问题，需要推出新业务、拓展新领域，需要更多的资金流。

资金来源大多是上一轮的风险投资机构跟投、新的风投机构加入、私募股权投资机构（PE）加入，投资量级在 2 亿元人民币以上。

二、C 轮融资

公司发展到非常成熟的阶段，开始盈利，行业内基本坐前三把交椅。

该轮融资不仅是为了拓展新业务，还是为了补全商业闭环、写好故事准备上市。

资金来源主要是 PE，投资量级超过 10 亿元人民币。

第五节　Pre-IPO 基金

Pre-IPO 基金是指在企业上市之前或预期企业可近期上市时投资，退出方式一般为：企业上市后，从公开资本市场出售股票退出，风险小，回收快，可以获得较高的投资回报。

一、Pre-IPO 基金的实现途径

Pre-IPO 基金对企业股票价格的作用，主要通过以下两种途径来实现：

1. 提高民营企业的资本市场形象

为了控制自己的投资风险，在投资之前，Pre-IPO 基金会对企业的业务、法律、财务、管理团队、上市可能性进行详尽调查，同时，Pre-IPO 基金作为专业机构，具有较强的行业分析与价值判断能力，能够对普通投资者起到一定的示范作用，甚至还能提升企业的资本市场形象。

2. 提高民营企业的能力

一些实力较强的投资基金或战略型的投资基金，会为企业引入管理、客户、技术、上市服务等资源，为保护自身利益，也会要求企业建立规范的法人治理结构。

二、Pre-IPO 的流程

第一步，投资者根据目标企业所在行业，分析本行业中企业近几年上市的市盈率倍数。由于 Pre-IPO 基金的获利性，参照上市价格，通常会在这个市盈率基础上做一定的降低，国内的 Pre-IPO 基金出价降低 30% 左右，平均标准约为市盈率的 6 倍；现在香港和新加坡的情况都是对上市的价格打约 5 折；强有力的投资者会提升企业上市发行的价格，弥补企业在私募折扣上的损失。

第二步，根据目标企业的净资产及现金流，分别对企业的投资价格确定出一个估值区间；投资者会根据这三个主要指标和其他影响 Pre-IPO 私募融资中的定价因素，包括公司所处发展阶段、投资者回报要求、股权比例、资金周期、私募融资费用、中介费、佣金等，确定一个建议出价。

第三步，Pre-IPO 投资者就价格与目标企业商议，针对企业的人力资源水平、运营状况、应收账款规模等进行调整，确定最终的 Pre-IPO 进入价格。

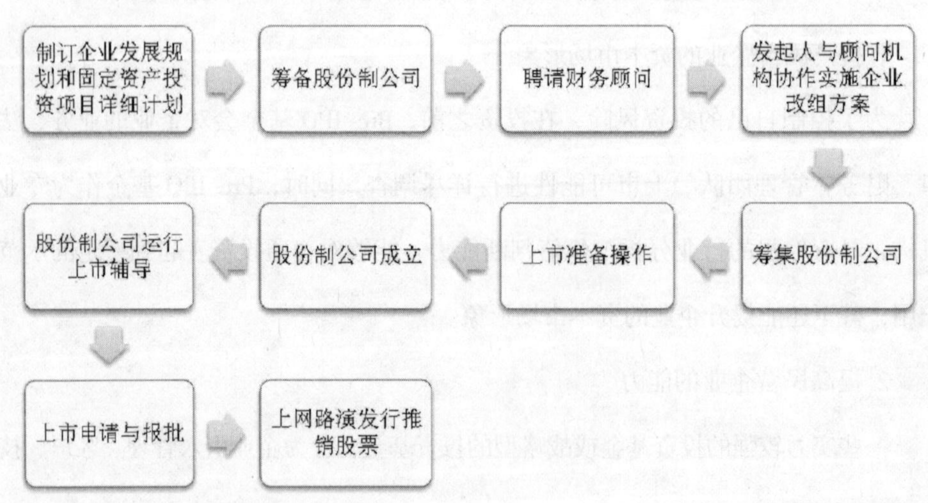

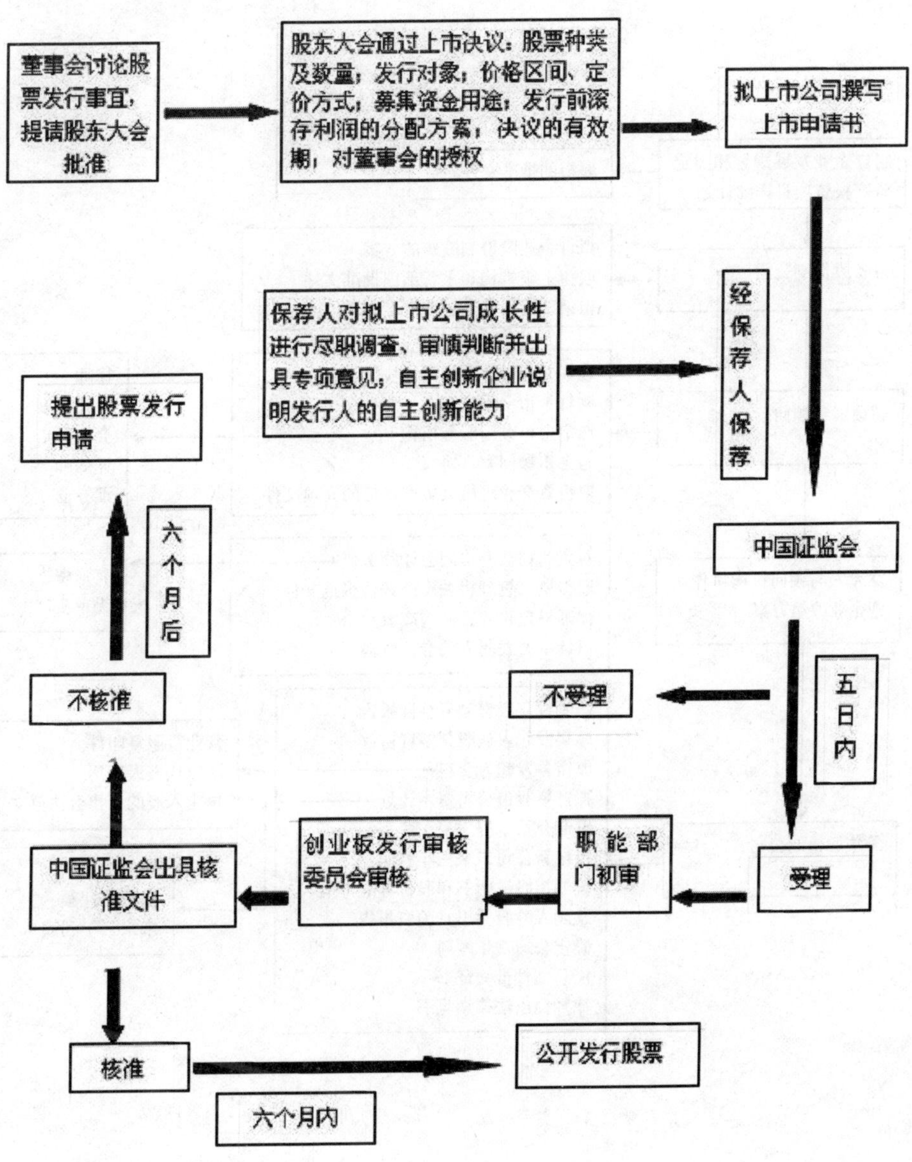
董事会讨论股票发行事宜，提请股东大会批准
股东大会通过上市决议：股票种类及数量；发行对象；价格区间、定价方式；募集资金用途；发行前滚存利润的分配方案；决议的有效期；对董事会的授权
拟上市公司撰写上市申请书
保荐人对拟上市公司成长性进行尽职调查、审慎判断并出具专项意见；自主创新企业说明发行人的自主创新能力
经保荐人保荐
中国证监会
五日内
不受理
受理
职能部门初审
创业板发行审核委员会审核
中国证监会出具核准文件
不核准
六个月后
提出股票发行申请
核准
六个月内
公开发行股票

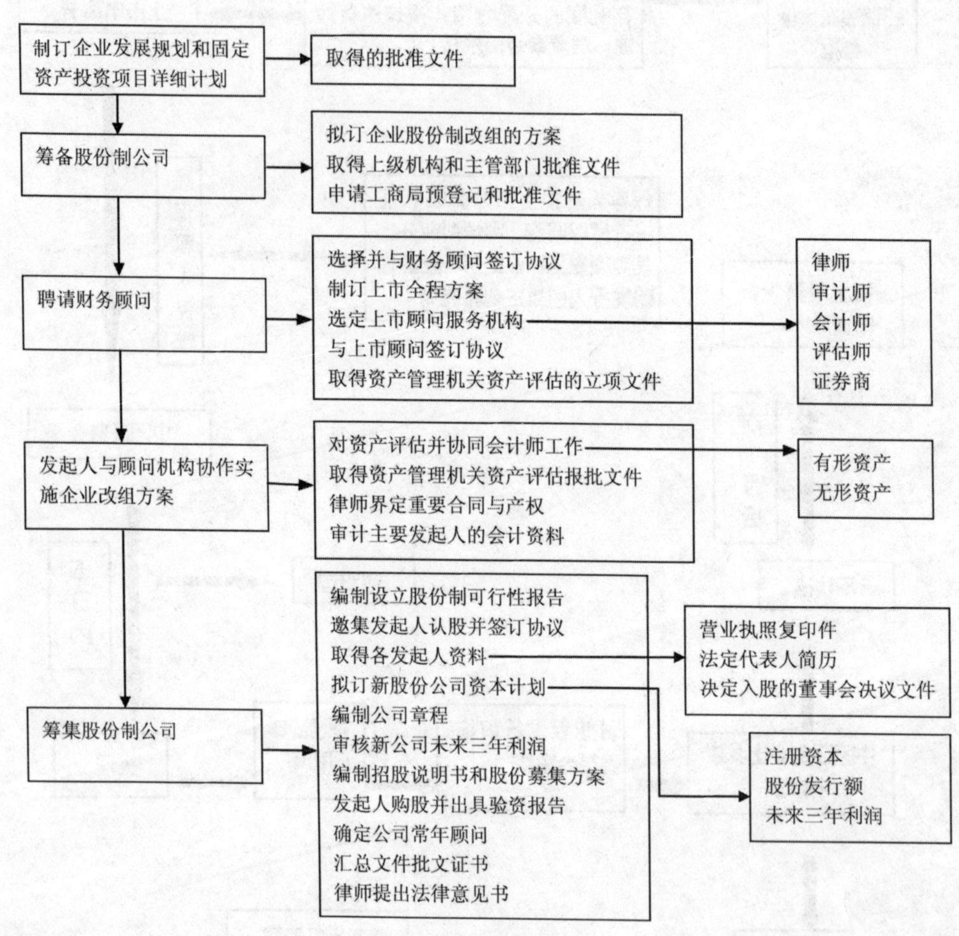

制订企业发展规划和固定资产投资项目详细计划
取得的批准文件
筹备股份制公司
拟订企业股份制改组的方案
取得上级机构和主管部门批准文件
申请工商局预登记和批准文件
聘请财务顾问
选择并与财务顾问签订协议
制订上市全程方案
选定上市顾问服务机构
与上市顾问签订协议
取得资产管理机关资产评估的立项文件
律师
审计师
会计师
评估师
证券商
发起人与顾问机构协作实施企业改组方案
对资产评估并协同会计师工作
取得资产管理机关资产评估报批文件
律师界定重要合同与产权
审计主要发起人的会计资料
有形资产
无形资产
筹集股份制公司
编制设立股份制可行性报告
邀集发起人认股并签订协议
取得各发起人资料
拟订新股份公司资本计划
编制公司章程
审核新公司未来三年利润
编制招股说明书和股份募集方案
发起人购股并出具验资报告
确定公司常年顾问
汇总文件批文证书
律师提出法律意见书
营业执照复印件
法定代表人简历
决定入股的董事会决议文件
注册资本
股份发行额
未来三年利润

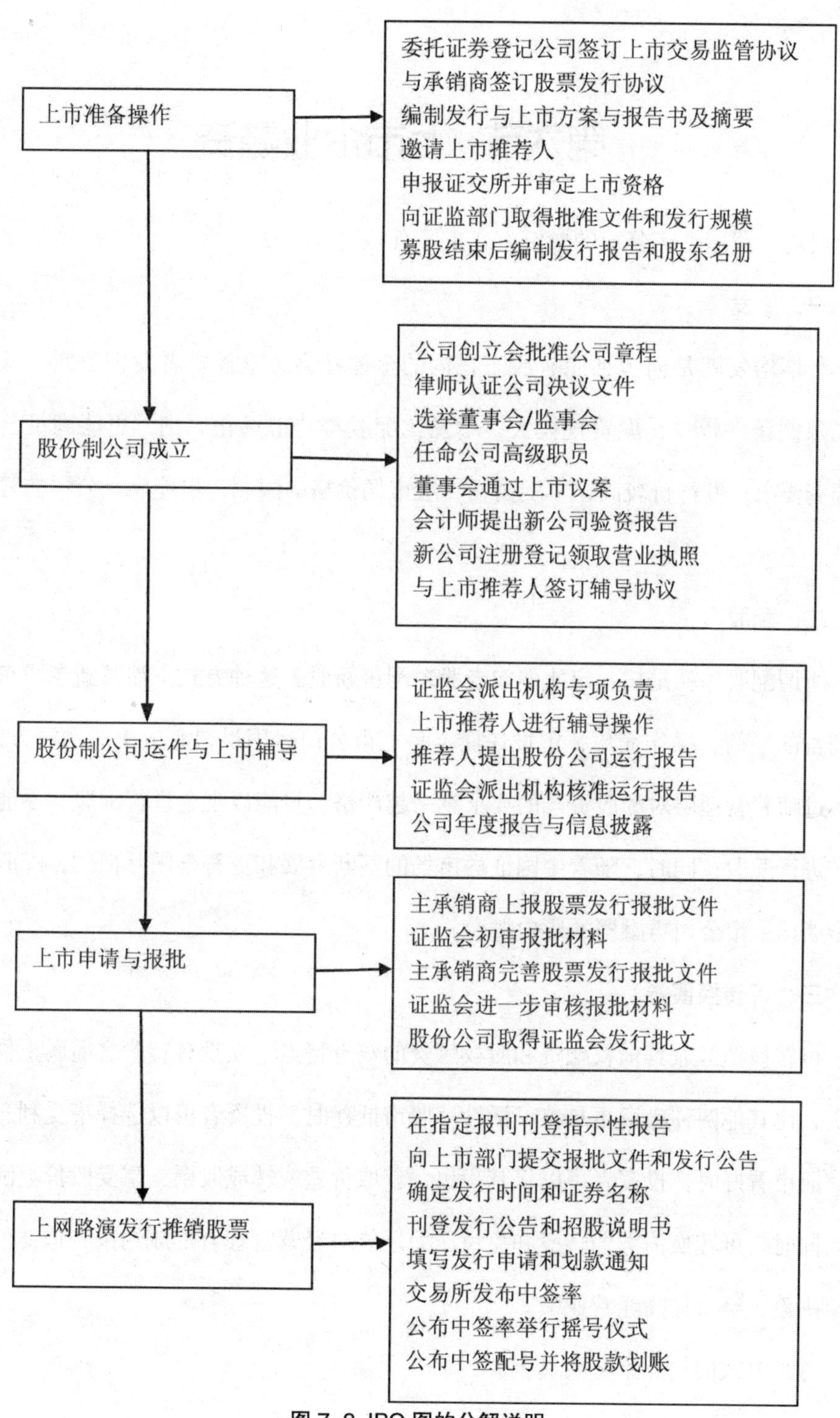

图 7-2 IPO 图的分解说明

第六节　上市企业融资

目前，我国上市公司的融资方式主要有：

一、增发

所谓增发就是向包括原有股东在内的全体社会公众投资者发售股票。这种方式限制条件较少，融资规模大；增发比配股符合市场化原则，更能满足公司的筹资要求；发行价较高，不受公司二级市场价格的限制，更能满足公司的筹资要求。

二、配股

所谓配股，就是按一定比例向老股东配售新股。这种方式不涉及新老股东之间利益的平衡，操作简单，审批快捷，是上市公司运用最得心应手的融资方式。只不过随着管理层对配股资产的要求越来越严格，只能以现金进行配股，不能用资产进行配股；同时，随着中国证券市场的不断发展和更符合国际惯例，配股将逐步淡出上市公司再融资的历史舞台。

三、可转换债券

可转换债券兼具债权融资和股权融资的双重特点，在没有转股之前属于债权融资，比其他两种融资更具有灵活性。股市低迷时，投资者可以选择享受利息收益；股市看好时，投资者可以将其卖出，获取价差或转成股票，享受股价上涨收益。同时，可转换债券的转股和兑付压力还能对经营管理者形成约束，迫使他们谨慎决策，努力提高经营业绩。

这种方式的优点十分明显：

1. 融资成本较低

按照规定，可转换债券的票面利率不能高于银行同期存款利率，期限为 3~5 年，如果未被转换，就相当于发行了低利率的长期债券，会降低发行公司的融资成本；如果发行的是可分离交易可转换的公司债券，发行公司的融资成本就会进一步降低。

2. 融资规模较大

通常，可转换债券的转股价格比可转换债券发行时公司股票的市场价格多出一定比例，可转换债券被转换，也就相当于发行了比市价高的股票，在同等股本扩张的条件下，可以为发行公司筹得更多的资金。

下篇

民营企业融资实操解析

第八章 企业不同组织形式的融资策略

第一节 有限责任公司

在经济不断发展的过程中，民营企业也在努力寻求自身的发展出路，对于有限责任公司来说，只有通过融资，才能有钱来开展业务，进而赚更多的钱。因此，对于有限责任公司来说，融资至关重要。

有限责任公司如何进行融资呢？

一、债券融资

企业债券也称公司债券，是民营企业依照法定程序发行、约定在一定期限内还本付息的有价证券，代表了发债企业和投资者之间的债权债务关系。

债券持有人虽然不会参与企业的经营管理，但有权按期收回约定的本息。企业债券与股票一样，同属有价证券，可以自由转让。

二、股票筹资

股票具有永久性，没有到期日，不用归还，没有还本付息的压力等，筹资风险较小。股票市场可以促进企业转换经营机制，真正成为自主经营、自负盈亏、自我发展、自我约束的法人实体和市场竞争主体。同时，股票市场还为资产重组提供了广阔的舞台，能够优化企业组织结构，提高民营企业的整合能力。

三、银行贷款

银行是民营企业最主要的融资渠道，按资金性质，可以分为三类：流动资金贷款、固定资产贷款和专项贷款。专项贷款通常有特定的用途，其贷款利率一般比较优惠，贷款分为信用贷款、担保贷款和票据贴现。

四、融资租赁

融资租赁是通过融资与融物的结合，兼具金融与贸易的双重职能，对提高企业的筹资融资效益，推动与促进企业的技术进步，有着明显的作用。融资租赁有直接购买租赁、售出后回租以及杠杆租赁。

五、海外融资

企业可供利用的海外融资方式包括国际商业银行贷款、国际金融机构贷款和企业在海外各主要资本市场上的债券、股票融资业务。

第二节 合伙企业

在中国，每天都会出现很多创新型公司成长，也有很多民营企业落寞，企业发展都离不开资金的扶持。但是，投融资市场混乱，皮包公司极多，无法辨别其真实性，怎么办？最好找个专业的融资顾问，与他人进行合作，不能盲目融资。

一、寻找合适的企业孵化平台

企业孵化平台的主要任务是，对高新技术成果、科技型企业和创业企业进行孵化，推动合作和交流，使企业做大。

在企业创办初期，不仅能够提供场地、商务设施等一般性服务，还能提供商务代理服务和制定战略、管理制度、人力资源管理制度、市场分析、专业知识培训等管理咨询服务，协助民营企业获得政府资金、申请担保贷款、直接向企业投资、与风险投资结合等投融资服务。

二、众筹模式

说到众筹，最典型的是国产动画《西游记之大圣归来》。

2014 年底，路伟在朋友圈中为《大圣归来》众筹。最终吸纳了 89 位众筹投资人，投资金额少则一两万元，多则数十万元，最终累积了 700 多万元投资，部分投资人还在北京、上海等一线城市为该片提供了长时间的免费户外广告。上映 20 天，票房就高达 7.3 亿元。经过几个月的等待后，89 位众筹投资人平均每人获益 25 万元，回报高达 400%。

这件事虽然已经过去几年，但作为众筹的典型，依然被人们津津乐道。这就是众筹的魅力！

作为互联网金融领域的大热风口之一，目前互联网众筹平台发展迅猛，涌现出很多解决创意实现、产品上市、店面扩张等众筹平台。传统产业的发展方式如投产建厂、招人、招商、铺货、售后等研产销模式，已经被新经济浪潮彻底拉平。客户定制、参与设计、众创、众包、众筹等成为民营企业的经营和发展模式，企业拥有更多的渠道和平台去实现梦想。

三、风险投资机构

风险投资是民营企业获得资金的常用途径，不过获得风险投资的程序比较烦冗，民营企业不仅需要提交商业计划书，还要证明企业具有稳定的管理结构。多数风险投资机构都要求获得民营企业的股权，都想拥有公司的股份，换取提供种子基金。不过，风险投资确实能为民营企业提供所需资金，确保企业获得成长。

四、天使投资者

天使投资者是指那些构成大部分“非正式”风险资本的单个私人投资人，他们喜欢将自己的钱投资在附近地区 (100 千米左右)，投资数额往往比较小

（25000 ~ 250000 美元）。天使投资者得一般产生于朋友、亲人、客户、第三方专职人员、供应商、经纪人和同行竞争者中。

不过，天使投资者也不会白白地把钱掏出来，作为投资条件，他们可能要加入公司董事会。当然，多数天使投资者还要看商业计划书，而这份计划书必须让他们对民营企业的事业感到振奋。

五、联合创始人

过去经营企业，企业主单打独斗，利用资源和机会优势，抢先一步，就能成就事业，但随着新经济模式和人力资本的出现，让新创企业都形成了天然的标配：联合创始人、期权池。民营企业融资，最好向联合创始人寻求合作，当然也能以技术、工资等形式出资。

六、寻求政府政策帮助

如今，国家大力支持民营企业的政策正陆续落地，从公司注册流程和费用的精简、税务的补贴、高级人才的补贴，到高新技术的奖励和支持、校企合作的扶持、科研成果转化等，都有不同程度的奖励和补贴。

七、向身边人借款

民营企业主的家人，如果愿意借钱，就能提供企业发展所需的资金。这时候，民营企业要像对待其他投资者一样对待家人，不要因为是家人就认为他们不想收回自己的资金。现实中，家人借钱不能归还造成的问题更多，甚至不如不借。

八、银行贷款

如果民营企业有贷款和还款记录，完全可以采用这个办法，解决企业开支。不过，如果最后无法偿还贷款，就会对自己的信用造成负面影响。

第三节 股份制企业

20 世纪后，股份制类型的公司逐渐成为经济市场的新宠，在市场交易中占据举足轻重的地位。

股份公司融资渠道广，经营政策灵活多变，投资者只在自己的股份限额内承担责任，风险相对较小。那么，股份制公司如何融资呢？

一、银行贷款

关于银行贷款，前面已经有过相关介绍。

二、金融租赁

金融租赁是一种集信贷、贸易、租赁于一体的新型融资方式，主要特征是租赁物件的所有权与使用权相分离。设备使用厂家看中某种设备后，就能委托金融租赁公司出资购得，然后再以租赁的形式将设备交付企业使用。当企业在合同期内把租金还清后，最终还将拥有该设备的所有权。

三、民间借款

民间借贷是一种直接融资渠道，是民间金融的一种形式。所谓民间借贷是指公民之间、公民与法人之间、公民与其他组织之间借贷。只要双方当事人意见表示真实，就能认定有效，因借贷产生的抵押相应有效，但利率不能超过人民银行规定的相关利率。

四、发行债券

企业债券也称公司债券，是企业依照法定程序发行、约定在一定期限内还本付息的有价证券。债券持有人不会参与企业的经营管理，但有权按期收回约定的本息。

五、典当融资

所谓典当就是以实物为抵押，以实物所有权转移的形式取得临时性贷款。典当融资与银行贷款相比，成本高、规模小、信用度要求、灵活便捷。

六、融资租赁

所谓融资租赁就是将融资与融物结合起来，兼具金融与贸易的双重职能，提高民营企业的筹资融资效益，推动与促进企业的技术进步。

七、商业信用

商业信用融资是指企业之间在买卖商品时，以商品形式提供的借贷活动，是经济活动中的一种最普遍的债权债务关系。

第四节 连锁企业

先看下面这个案例：

蓝店是国内专业的轻连锁便利店品牌，总部位于福建省厦门市，以快递代收发为切入口，业务涵盖蓝店快递代收发、蓝店实体商户网上平台及蓝店轻物流同城配送。在 2015 年 8 月，蓝店完成了数百万元天使轮投资，投资方为赛富基金；2016 年 3 月，获得行早金融投资的千万元级 Pre–A 轮融资；2017 年 11 月，蓝店完成了由 SIG（海纳亚洲）投资的 2000 万元 A 轮融资，该轮资金将主要用于蓝店在全国各个城市的拓展。

不可否认，蓝店的成长跟融资分不开。

连锁企业的发展同样也需要资金，可是很多连锁企业一直苦于无法获得投资机构的青睐，急需了解投资机构投资连锁企业的“口味”。不了解投资者的口味，以连锁经营为模式的企业，就很难获得投资者的青睐，即使商业模式独特，这种商业模式也需要具有先进性和创新价值，还要获得相当的竞争优势，并形成比较高的竞争壁垒，否则投资者更愿意关注那些已经有着较多店面和良好业绩的企业。

一、连锁企业吸引投资需要达到的标准

什么样的连锁企业更能得到投资者的关注呢？一般要符合以下五条标准：

1. 标准化

从消费者角度来说，连锁企业不同门店的功能，就是在不同区域或不同地点给不同的消费者提供相同的产品或服务。既然消费者需求的产品或服务是相同的，标准化也就成了明智的选择。

标准化是复制能力的基石，在选择、判断是否投资一家连锁企业时，投资者更看重：产品、服务、运营流程标准化以及标准化带来的复制能力。事实证明，连锁企业的产品或服务标准化程度越高，复制能力越强，越容易快速扩张、高速成长。

2. 与网店等竞争渠道的关系

如今，随着阿里巴巴、当当网、红孩子、PPG 以及淘宝网的崛起，以 B2B、B2C、C2C 为代表的网店成为新主流销售渠道。在有些行业，比如图书零售，网络销售已经成为主流销售渠道之一。

将来，越来越多的销售业务会转移到互联网上，如果连锁店受电子商务的冲击比较大，投资价值就会降低；如果连锁店和网店等电子商务手段结合，就能增强竞争优势，投资价值也会随之水涨船高。

3. 在细分市场的领先性

投资者愿意投资的连锁企业，通常都是所属细分市场的领导者，即第一阵营的企业，或者前三名，因为行业领先者的销售规模、利润规模大。或者是年均增长率高于行业平均水平、高于行业内的公司，否则连锁企业无法成为行业领先者。行业领先者的竞争优势和内在价值，都高于同业的竞争对手，能够尽可能早地与资本市场对接，投资价值更大，效率更高。

4. 管控能力

连锁企业的版图宏伟，做大容易，但要想做实做好做强，就非常难了。门店数量、经营规模如同连锁企业的生产力，而总部的管控能力则是连锁企业的生产关系。有什么样的生产力，就会有什么样的生产关系；而生产关系水平的提升，又会催生、释放出更大的生产力。

5. 关键指标

投资机构一般都会关注连锁企业的两个关键指标：连锁企业的利润规模和营业规模，以及企业在细分市场的份额；该企业近三年和未来三年的年度增长率和复合增长率。因为，投资者同样也要追求经济回报。投资者的获利是通过项目的退出来实现的。

二、连锁企业的竞争门槛

投资者愿意投资的连锁企业，基本上都有独特的内在价值。投资者一般都会希望被投资的民营企业有一定的门槛，只允许有限的玩家参与这场竞争游戏。

竞争门槛包括以下四种：

1. 资金门槛

连锁企业的终端网点规模，以及专业运营人员，都需要足够的资金来保障。后来的竞争者就要考虑：是否愿意拿出这么多资金来加入竞争？拿出这么多资金加入竞争，胜算的概率有多大？这时，同业竞争的资金门槛就形成了。

2. 专业人员门槛

连锁企业的网点需要专业人员经营，网点的效益、影响力与专业人员有很大的相关性。如果连锁企业拥有数十名优秀的专业运营人员，而后来的竞争者想要找到同样数量的专业运营人员，是需要花费更多的时间和代价的。

3. 牌照门槛

在中国，开办连锁门店需要去当地行政主管部门办理许可证或牌照。比如，具备连锁企业资格或拥有跨地域连锁经营资格，很多行业还需要行政主管部门认可或许可。

4. 规模门槛

如果连锁企业有相当数量的终端网点，领先于同类企业，后来者不可能一下子开出那么多店面，也就具备了规模门槛，给后来者设置了竞争壁垒。

第五节　个体工商户

对于很多个体工商户，资金短缺几乎是大家共同面临的问题。

个体工商户融资渠道短缺，融资成本高，如何解决这个问题呢？个体工商户要想融资，就要注意下面两点：

一、金融机构融资

主要包括银行、券商、三方财富等，形式上有借贷、股权融资等。个体工商户体量小，风险大，盈利点低，基本上所有的金融机构都不会直接对接。要想融资，就要尝试一下银行信贷。现在各大银行对于小微企业都有一定的贷款类产品，但是风控严格，可以尝试。

二、寻求合伙人

个体工商户既不能跟个人借贷，也不可以向不特定人群融资，一个不小心就是非法集资了，所以可以尝试找 2~3 名合伙人，给予部分企业股权和股份，稀释自己的份额。

第九章 不同行业企业的融资策略

第一节 金融类

随着时代的迅速发展，为了获得更大的经济利润，国内民营企业对自身的可使用资金进行了适当的拓展和优化。如此，融资也就成了一种非常有效的方式，能够推动金融企业的健全发展。

在如今时代的发展当中，融资也就成了一种常用方式，有利于推动金融企业的进一步发展。

一、金融行业融资面临的主要挑战

金融行业融资面对的主要挑战有：

1. 缺乏良好的融资环境

在现阶段的发展中，金融行业融资面临着相当多的问题，而之所以会出现这样的状况，原因还在于，国内融资体系距离发达国家还有一定的差距，在优惠政策和项目确定上无法做到全面充分。比如：投资税收抵免不明确、设备折旧问题较多、税收政策缺乏针对性等问题，使金融行业的融资变得比较困难。虽然国家一直都在完善基础融资机制，但是在会计制度的相关规定中，融资仅属于企业自资产，无法发挥功能，金融行业的融资变得比较难。

2. 资项太过单一

金融行业在融资的过程中，选择的融资项目往往比较单一，仅能满足部分基础要求，没有实际的应用效果。近些年，国内融资行业的运行模式有了相当大的变化，但是金融行业的融资项目非常少，无法满足金融行业大范围的融资需要。同时，金融行业的融资模式比较单一，通常采用自营式融资方式，对其他项目的融资应用相对较少，使得国内金融行业融资无法实现相应的效益。

3. 融资宣传力度较小

国内的融资机制建设时间非常短，缺乏相应的实践力度；同时，社会各界对于金融行业缺乏明确的认识，不愿意提供相应的资金，可采用的融资方式非常少，仅包括部分固定的资金来源，缺乏融资实践意识，融资项目也比较匮乏，无法满足金融融资的实际需求。

二、金融行业融资的应对措施

要想顺利融到资金，金融行业就要从下面几方面做起：

1. 积极拓展融资项目

金融行业在融资项目的拓展上，要努力开展各种全新的融资业务，使融资方式以多样化的方向发展；也可以与租赁结合起来，协调配合，形成自营式融资模式。在进行融资模式优化的过程中，还要加强融资项目的拓展，优化经营性融资，同时还要考虑不同的融资项目。

2. 宣传金融融资知识

对于金融融资而言，之所以会在如今时代面临较多挑战，很大的原因是基础的金融融资宣传力度不足，因而有必要进行融资宣传力度的拓展，得到更好的社会反响。

如今，大多数人对于金融行业融资的认识依旧很少甚至存在着一些错误的理解。事实上，金融融资具有较高的合理性，还能延伸出更多的经济效益。为此，新时期的金融行业一方面要加强对金融的积极宣传，树立完善的融资理念，打破局限性；另一方面要注重理论与实践的结合，强调融资在金融行业中的作用。

第二节 科技类

案例：

八爪鱼是深圳视界信息技术有限公司旗下开发的云采集服务平台，2014 年 3 月正式上线，能够简单快速地将网页数据转化为结构化数据，并提供基于云计算的大数据云采集解决方案，实现大规模的数据采集。经过几年的发展，八爪鱼已经积累了大量全网独家、多维度、高价值的互联网公开数据，结合场景化应用，为各类企业、机构等提供大数据解决方案。同时，八爪鱼还潜心于人工智能领域，在自然语言处理、知识图谱与机器学习等方面积累了丰富的技术经验。2018 年 1 月，八爪鱼完成 A 轮融资，投资方为中信资本。其实，在此之前，八爪鱼已先后获得创业板大数据上市公司“拓尔思”的 500 万元天使轮、投资公司“协同创新基金”Pre-A 轮融资。

目前科技型企业有很多，它们也有不错的发展机会和前景。但是，科技型企业也非常烧钱，特别是研发创新产品的时候更需要巨大的资金，因此多数科技型企业都会融资。那么，科技型企业的融资方式主要有哪些？

一、银行贷款

银行是科技企业最主要的融资渠道。目前，银行为科技企业融资提供的贷款方式主要有以下几种：

1. 资产抵押贷款

科技企业将资产抵押给证券公司或商业银行，由相应机构发行等价的资产证券化产品出售，募得资金。

2. 项目开发贷款

如果高科技民营企业拥有重大价值的科技成果转化项目，初始投入资金比较大，自有资本难以承受，就能向银行申请项目开发贷款。

3. 票据贴现融资

持票人将票据（商业承兑汇票或银行承兑汇票）转让给银行，银行扣除贴现利息后，将剩余资金交由持票人使用。

二、留存收益

留存收益是指公司创造的净收益留在企业，不作为股利分配给股东，实质就是原有股东对企业追加投资。留存收益的筹资渠道主要包括：盈余公积金和未分配利润。其中，留存收益筹资不会发生实际的现金支出，不必支付股利，免去了与负债、权益筹资相关的手续费、发行费等的支出。

三、金融租赁

这种租赁具有融物和融资的双重功能。具体方法是：出租人根据承租人的请求，按双方的合同约定，向承租人指定的出卖人，购买承租人指定的固定资产；在出租人拥有该固定资产所有权的前提下，以承租人支付所有租金为条件，将一个时期的固定资产的占有、使用和收益权让渡给承租人。

四、典当融资

典当融资是指在短期资金需求中，科技企业利用典当行救急的特点，以质押或抵押的方式，从典当行获得资金，快速、便捷。典当行是国家特许从事放款业务的特殊融资机构，与银行贷款相比，市场定位在于：针对民营企业和个人，解决短期需要，发挥辅助作用。

五、产权交易

产权交易主要是指科技企业为了解决资金紧缺问题，将部分股权专利(无形资产)及有形资产在产权交易所挂牌，解决企业内部资金紧缺问题，增加现金流，为进一步的资本市场运作打下基础。

六、商业信用

商业信用融资是指科技企业在经营活动和商品交易中，为了延期付款或预收账款，而形成的企业常见的信贷关系。商业信用的形式主要有：赊购商品、预收货款和商业汇票。

七、融资租赁

融资租赁分为：直接购买租赁、售出后回租和杠杆租赁。其采取融资与融物相结合的形式，不仅能提高生产设备和技术的引进速度，还可以节约资金使用，提高资金利用率。

八、员工集资

有些科技类企业会根据公司资产实际，将净资产作为股份划分，采取管理层持股、员工持股及向特定对象发售股份的方式募集资金，实现股份的多元化。

九、认股权证

认股权证是指在某一时间内以特定价格购买普通股的相对长期的期权。科技企业发行认股权证融资的优点是融资成本低、改善公司未来资本结构。

十、吸收投资

吸收投资是指科技企业以协议等方式吸收国家、企业、个人和外商等直接投入的资本。这种方式不以股票为媒介，适用于非股份制企业。

十一、可转换债券

可转换债券是一种可以在特定时间、按照特定条件转换为普通股票的特殊企业债券，具有债券和股票的特征。

第三节 研发型

一、研发型企业融资难的原因

研发型企业在筹集研发投入的过程中，由于研发本身的特点，会比一般投资项目面临更高的风险和融资约束，融资困难，投入不足，阻碍企业创新和研发的速度和水平。

研发型企业融资难的原因不外乎这样几个：

1. 研发成本高

研发型企业的研发周期比较长，需要投入的研发成本较高，研发成本主要包括：研发人员的人工费用、测试费用、产品及材料成本和制造费用等。例如，需要花费大量资金来聘请高科技人才；随着研发进展，还需要不断地投入资金，继而加大财务压力。

如果企业无法担负高昂的研发费用，就会直接导致研发终止，造成巨大的沉没成本；即使投入大量的研发资金，但研发成果不显著，市场竞争力不强，经济效益不高，企业也会陷入破产清算的危险境地，如此研发成本代价更高。

2. 信息不对称

研发过程具有保密性，信息一旦泄露，让竞争对手效仿或抄袭从而占得先机，企业就会丧失竞争优势，研发投入也就无法收回；投资者或债权人等无法获得有关研发型企业研发项目的具体内容，无法对研发项目市场前景和技术先进性进行准确评估，无法准确预测预期收益……研发信息的不对称性使他们对投入资金安全性和风险溢价要求很高，如此就加大了研发型企业研发资金融资难度和融资成本。

3. 风险太高

研发型企业的研发项目与一般的投资项目相比，技术难度大、对研发出的技术等成果先进性和创新性要求高。在研发的各个环节、不同阶段，还要承受财务风险、市场风险、技术风险、国家政策变化等影响，这些影响伴随着研发的全过程，对研发人员和管理人员都提出很高的要求，处理不好，就会导致研发工作的失败。

4. 不确定性

研发型企业的研发，通常是针对未知领域的探索，需要综合运用多种学科知识来解决问题，研发过程一般较长，期间还会受到内外部多种因素的影响，而各种因素又存在着动态变化，使研发过程更为艰辛，使研发型企业的研发回报率的不确定性高于其他行业企业。

二、研发型企业融资问题的解决

为了缓解和克服研发型企业研发投入融资不足的困难，可以采用加强现金流量管理的方法。

内部资金对于受到融资约束较强的企业而言，具有比较严重的依赖性。在整个经营管理过程中，资产流动性最强的现金起着非常重要的作用。在由企业研发特点造成的投入比较依赖内部资金的背景下，保持现金流的正常周转和稳定性显得尤其必要。

企业可以通过一系列科学的预测方法和其他增加现金流的方式，使现金流量能够保持平稳和充足，并通过建立合理的现金储备规模尽可能满足研发投入的现金流需求，降低研发投入对现金流波动的敏感性，合理安排和利用企业内源融资，缓解研发投入融资困难，使企业的研发能保持稳定推进。

第四节 互联网企业

说到互联网企业融资，不得不提到的是挖钱网。

挖钱网是一个互联网金融服务平台，集中了银行、持牌金融机构及金融服务企业的产品，采取互联网线上、线下发展模式，让大众参与利润分配。该平台集中了银行、持牌金融机构及金服企业的优质产品，采取互联网线上、线下发展模式，让大众参与利润分配，实现了大众共享金融红利，人人都是金融行业的代言人、理财师和管家。

目前挖钱网的功能涵盖了信用卡超市、账单代管、支付结算等，为金融代理商提供的产品涵盖：金融产品打包、销售、产品利润方案，以及资金提供、支付结算、账单代管代还等方案。关于盈利模式，挖钱网的营收主要来自于佣金抽成和平台使用维护费。

2017 年 9 月，挖钱网获得互联网金融转型升级解决方案提供商“贝壳林”投资的种子轮融资。2018 年 1 月获得 500 万元天使轮融资，主要用于产品研发推广和技术团队建设。

互联网创业虽然门槛比较低，但死亡率也很高，多数都死亡于没有资金的支持，所以融资也就成了一件比较要紧的事情。但是，不正确的融资方式会让互联网企业失去机会。

一、互联网公司常见的融资方式

通常，互联网公司常见的融资方式有四种：

1. 股票筹资

股票具有永久性，无到期日，不需归还，没有还本付息的压力等特点，因而筹资风险较小。股票市场可促进企业转换经营机制，真正成为自主经营、自负盈亏、自我发展、自我约束的法人实体和市场竞争主体。同时，股票市场为资产重组提供了广阔的舞台，优化企业组织结构，提高企业的整合能力。

2. 债权融资

企业债权也称公司债权，是企业依照法定程序发行、约定在一定期限内还本付息的有价证券。债权持有人不参与企业的经营管理，但有权按期收回约定的本息。在企业破产清算时，债权人优先于股东享有对企业剩余财产的索取权。企业债权与股票一样，同属有价证券，可以自由转让。

3. 银行贷款

银行是企业最主要的融资渠道。按资金性质分为流动资金贷款、固定资产贷款和专项贷款。专项贷款通常有特定的用途，其贷款利率一般比较优惠，贷款分为信用贷款、担保贷款和票据贴现。

4. 融资租赁

融资租赁业务为企业技术改造开辟了一条新的融资渠道，采取融资融物相结合的新形式，可以提高生产设备和技术的引进速度，节约资金使用，提高资金利用率。

二、互联网公司融资过程

互联网公司融资，通常要经历下面一个过程：

（1）撰写商业计划书。撰写商业计划书不仅是一个包装和表达的过程，也是一个厘清产品思路的过程。

（2）找到投资者。

（3）路演。参与有组织的路演，就有机会接触许多投资者，可以节省大量成本。同时，此类路演活动可以接触到其他创业者，也是一个不错的渠道。

（4）与投资者单独约谈。路演给投资者留个好印象，只要第一印象过关，就有机会展开私密的约谈了。

（5）交易价格谈判。约谈的主要目的是让投资者了解你的项目和团队，至于具体投不投还要看估值、出让比例、附带权利等，比如，优先股是否具有投票权、是否配备反稀释条款等。能够让投资者追捧的好项目一般都具有更强的议价能力，争做好产品永远比谈判技巧更有用。

（6）签署正式的法律文件。此处为正式合同而非协议，请谨慎对待。

（7）股权变更。并不是简单的双边协议签署，需与工商局、银行等机构协同完成。

（8）获得注资。投资正式到账。

第五节　服务行业

服务型企业往往具有这样几个特点：从事现行营业税“服务业”科目规定的经营活动、雇员人数小于10人、产权和经营权高度统一、服务种类单一、规模较小。该类企业的融资渠道狭窄，主要依赖于亲戚、朋友和熟人，正式的融资渠道很少。如此，融资问题也就成了制约该类企业发展的瓶颈。

一、服务型民营企业融资现状

1. 外部融资渠道单一。我国多数服务型民营企业，外部融资渠道过于单一，争取金融机构贷款也就成了其做出的无奈选择。首先，我国债券等资本市场还不太成熟，门槛较高，不能通过上市或发行企业债券等直接方式融资。其次，在票据贴现、融资租赁等间接融资方式中，我国商业信用和票据市场还处于起步阶段，发展比较滞后，服务型民营企业无法通过票据贴现进行融资。而金融机构服务品种多，手续简单快捷，成为服务型民营企业获得外部融资的主要方式。

2. 获得银行贷款难。在获取金融机构贷款的过程中，服务型民营企业要想取得正规金融机构——银行的贷款并非易事。银行对于其客户的考核一般都采取“抓大放小”的政策，对小企业尤其是服务型民营企业存在信用歧视。另外，服务型民营企业的贷款主要用于满足流动资金需求，贷款频率高、数额少、风险大、时间性强，无法引起银行的兴趣。

3. 内部融资能力低。与外部融资相比，内部融资可以减小企业因信息不对称而造成的负面影响，可以节约企业的交易费用，降低融资成本。因此，内部融资在企业的生产经营过程中发挥着重要作用。但是，多数服务型企业存在管理水平低、面临市场不确定以及缺乏自我积累机制等问题，内部融资普遍不足。

4. 依赖非正规金融借贷渠道。服务型民营企业从银行获得贷款面临较大的约束，而其融资又具有较强的时效性，只能更多地求助于手续简便的民间借贷等非正规金融借贷渠道。虽然这些渠道的融资成本往往高于金融机构的融资成本，但能更好地满足服务型民营企业经营灵活性的要求。

二、服务型中小型企业的融资特性

1. 资金规模较小

服务型民营企业的资金需求规模多数都是从几千元到几万元，几十万上百万已经是数额较大的。而大企业的融资动辄就是几千万元，甚至几亿元。

2. 风险主要取决于经营者的经营能力和信用

服务型民营企业的风险，除了经营者的经营能力和信用之外，还可能面临着技术攻关能否成功、产品市场是否接受等。

3. 失败概率高

每年都会出现大量新生服务型民营企业，同时又有大量死亡。能存活两三年的企业寥寥无几，很多都是年初开张年底关门。

4. 没有较好的抵押品

服务型民营企业的固定资产可能就是几部手机、几台电脑，价值不高，移动性强。

基于这些特性，笔者认为，对于成熟型的中小微企业来说，资金供给者要做的风险控制，很重要的一点就是，必须对企业家个人有足够的了解，以及对企业所处行业在当地的发展情形有足够的了解。

第六节　传媒行业

一、传媒行业的投融资分析

1. 以天使轮、A 轮为主，战略投资规模大幅增长

2018 年融资轮次依然集中于早期，主要是天使轮和 A 轮。之后，E+ 轮及战略投资规模大幅增长，2019 年第一季度延续增长趋势，融资轮次主要集中在战略投资。随着行业发展日趋成熟及资本市场头部的聚集效应，未来资本向后期轮次聚集或将成为趋势，对于处在成长期的传媒企业，投资机构会更加谨慎。典型案例是万娱引力融资。

万娱引力是一家专注于 IP 领域互动的创新公司，将 IP 内容打造成现实中沉浸式可互动的场景，主打产品为现场沉浸娱乐项目“触电”。2015 年至今，万娱引力已经推出了首个沉浸娱乐 IP“触电”，并跟《鬼吹灯》《整容液》《仙剑奇侠

传》等多个知名IP展开合作，在中国11座城市落地了沉浸式娱乐项目，体验超过100万人次，线上近亿次。2017年万娱引力获得数千万元A轮融资，投资方为合娱资本，华兴资本担任独家财务顾问。

2. 最活跃的细分领域是网络游戏、媒体、网站、影视、音乐

近年，文化传媒各细分领域融资数量多数都集中在网络游戏，与整个行业投融资发展大趋势相吻合。虽然整个文化传媒行业数量呈下滑趋势，但网络游戏、影机普乐、媒体网站等行业融资依然活跃，有逆势增长趋势。

3. 融资企业数量下降，融资规模提高

数据显示，2018年文化传媒产业融资数量为66，较2017年下降6%；出现了大额交易，融资规模创新高。在资本寒冬和政策日趋严厉的背景下，文化传媒市场投融资进入调整期。

二、适合中小型传媒企业的融资渠道

从企业主要的融资渠道来看，适合中小传媒企业的融资渠道非常少。主要表现在以下两个方面：

1. 间接融资重重困难

目前，我国还没有设立专门针对中小传媒企业贷款的金融机构，而对于现有的商业银行来说，中小传媒企业对资金需求较大，加大了银行的实际成本。中小传媒企业的要求贷款数额一般都比大型企业少，但程序跟大企业没什么区别；同时，贷款的经营风险和财务风险又比大企业高，无形中就增加了银行工作量，而实际收益却下降。

2. 直接融资方式很难实现

目前，我国对公开发行股票、企业债券等直接融资方式管理十分严格，准入条件十分苛刻，多数中小传媒企业由于规模小、知名度不高、信用等级较低等，

条件达不到要求，不能满足在资本市场筹资的资格和条件。

三、融资难，难在何处

有的中小传媒企业只是内部具有丰富想象力的创意团队，抑或是已经成形的优秀作品版权，在融资过程会遇到什么样的困难，又有什么好的对策？

从融资主体自身角度来看，中小传媒企业不存在转企改制的问题，法律主体地位清晰，但文化创意产业的成功率很低。再加上许多中小传媒企业以项目方式运作，不具有连续性和同质性，无法准确把控未来收益预期，是造成其融资困难的根本原因。

就企业自有资产抵押融资情况而言，中小传媒企业生存的根基在于其已拥有或将拥有的版权、专利等无形资产，将工商企业的厂房、机器、土地等不动产抵押以取得贷款，是最常见的融资方式。中小传媒企业拥有的版权等知识产权，存在资产估值困难、专业性要求高，以及后续监管乏力、变现困难、产权交易市场不活跃等问题，这给企业贷款带来了极大困扰。

在融资渠道方面，融资渠道单一的老问题在中小传媒企业中同样存在，并且矛盾更加突出。目前，银行贷款作为企业融资主要途径，存在着嫌贫爱富的传统观念，规避规模风险本能特征明显，投资文化企业偏于保守谨慎，对中小传媒企业等轻资产群体来说，想从银行取得贷款，难度可想而知。

此外，由于资产抵押融资的特点，使得中小传媒企业在发行企业债、寻求融资担保、实施资产证券化等多样化融资渠道方面，同样存在不畅通甚至行不通的难题。

四、传媒企业解决融资难的方法

中小传媒企业融资困难的原因有很多，要将所有的融资困难看作一个整体，采用全面而系统的方法，加以解决。

1. 打通上下游产业链

面对融资困难，加强企业协作是创新性的解决之道。具体来说就是要着眼于中小传媒企业的整体特点，针对主要形成原因，从多个角度进行判断：

（1）了解对手特点与实力，把握行业态势与发展，通过企业间的了解与沟通在竞争格局中赢得有利席位，实现利润稳步增长。

（2）逐步整合文化产业上下游产业链，促进产业链整合，实现中小传媒企业间适应市场需求和未来发展的合并重组。

（3）文化产业市场深度和潜力巨大，文化创意产品经常在企业间流通和交换，可以搭建更多更有效的企业间版权互换和交易的平台和通道，方便企业获得现金流、投资者处置抵押物。

（4）探索中小传媒企业联合贷款模式以及联保互保贷款模式，构建融资需求交流平台，实现具有相似企业运营特征的企业的组团融资，提高融资成功率。

（5）以中小传媒企业自律协会的形式，加强自身诚信建设，构建内在信用监督机制，以行业自律的形式对企业投融资行为的合法性进行自我约束，增强投资者的投资信心。

2. 稳定和预期是关键

在国内，中小传媒企业的表现形态常常是创意工作室、设计公司等，企业内部有新颖的创意设计产品和富有想象力、创造力的团队，而缺乏的则是象征企业实力的不动产、资金，缺乏厂房、设备等有形资产。面对这样的现状，中小传媒企业首先应该壮大自身实力，努力给投资者以稳定的回报预期。

针对中小传媒企业自身的运营特点，要稳定和预期，关键还在于，业务的连续性和同质性。中小传媒企业在发展过程中，必须找准自身特点，挖掘自身潜能，将公司最为优质的知识产权资源和创意力量聚集在一起，形成具有自身优势和特色的产品品牌、企业品牌，促使这种品牌成为企业发展的核心推动力和竞争力，获得稳定的业务来源，给投资者以合理的未来收益预期。

第七节 新兴行业

有这样一个案例：

“小红人”是一个校园兴趣活动平台，将学生与商户连接在一起，从兴趣出发，搭建了一个活动平台。在该平台上，学生用户可以发布活动、参加活动，也可以使用“资源池”中的场地、物料等资源支持；企业用户可以通过平台进行精准投放。目前，“小红人”已经成功覆盖上海全部70所高校，组建了6个兴趣社群，并逐渐拓展至北京、成都、广州等高校集中的发达城市。为了扩大发展，“小红人”同样采取融资策略，目前已经获得创丰资本种子轮投资。

新兴产业企业具有技术新、业态新、模式新等特点，是未来中国经济增长的新动力。大力发展新兴产业企业，不仅是实现产业转型升级的重要方向，也是推进供给侧结构性改革的关键抓手。然而，融资难、融资贵越来越成为制约新兴产业企业未来发展的阻碍因素。

一、融资难的主因

1. 政策预期不稳定

政策预期不稳定是造成新兴产业企业融资难的重要原因。近三年来，资本市场经历了IPO数次停发、二级市场大幅波动、注册制改革暂缓、战兴板搁置、企业退市争议、监管专项核查等一系列事件，给新兴企业制订并实施融资规划造成了较大阻碍。后续跟踪前期调研企业发现，部分做好材料等报战兴板的新兴产业企业已改变原来的融资规划，正积极筹备境外上市，而造成这一转变的主要原因就是“政策预期不稳定”。

2. 直接融资门槛高

直接融资门槛高是造成新兴产业企业融资难的客观原因。新兴产业企业的发展规律表明，研发投入大、市场拓展缓、盈利周期长是共性特征。而长期以来，我国直接融资制度主要针对传统制造业企业，对盈利能力的要求较高，并不能有效发挥支持新兴产业企业发展壮大的功能。如阿里巴巴、百度等科技含量高的新兴产业企业只能远赴境外上市。

3. 企业经营问题多

企业经营问题多是造成新兴产业企业融资贵的主要原因。新兴产业企业对迅速提升市场规模和持续改善组织效率有着较高要求，但发展时间短、担保少、风险高等特点会使其在短期内难以实现这些目标。在要求更高溢价的资本压力和更快成长的经营压力下，企业通过流程再造、组织变革、人事流动等手段进行增效的同时，也会带来诸多问题。

二、可选择的融资途径

1. 信用卡

信用卡是创业公司一个重要的资金来源。尽管许多人都认为信用卡是非传统的融资渠道，但初创企业利用信用卡融资的做法已经日益普遍，被人们广为接受(想一想，周围人能帮忙成功办理的信用卡，如农业银行、工商银行、建设银行、中国银行等)。

2. 风险投资基金

风险投资家寻找大额回报，而不仅仅是较好的回报。获得风险投资极其困难，风险投资基金每年收到成千上万个申请，而最终只有两个或三个企业获得风险投资。风险投资家通常十分精明，受过良好的教育，并且十分自负。如果你有其他办法，就求助于另一种方法。但是如果你对企业的未来信心十足，也不妨和这些投资高手合作一番。

3. 合资或战略合伙

找出和你兴趣相似的公司，这当然需要更多的调查研究，而不仅仅是申请贷款这么简单。大多数的合作伙伴会在你的公司注入 20%~40% 的股份。不要只想着怎样赢得投资，要学会保护自己的创意。在阅读你的商业计划之前让你的投资合作伙伴签署一个创意或技术保密协定。

第十章 民营企业融资的技巧

第一节 中小企业的融资过程

中小企业融资是企业资金筹集的行为与过程。中小企业融资过程是从中小企业融资准备到中小企业融资成功的阶段，需要中小企业融资方做细致而具体的工作。

融资难问题是制约我国中小企业进一步发展的瓶颈，解决融资难对中小企业有着积极的意义。困扰中小企业融资难的根本原因之一，在于中小企业金融机构之间存在严重的信息不对称。下面，我们就对中小企业融资过程以及融资过程中要注意的几个方面进行解说。

一、中小企业融资过程

1. 做好融资准备

中小企业融资需要有中小企业融资团队、资料等准备，最关键的是商业计划书准备。通常，与风险投资公司接触的第一步是递交商业计划书。风险投资者经常接到大量商业计划书，因此，商业计划书必须立刻吸引风险投资者的眼球。商业计划书摘要很重要，做得好可以引得投资者精读该计划书全文，做得不好会让他们决定不再浪费更多时间。

一份好的商业计划书是至关重要的，应该完整而清晰地阐述公司的发展目标、长期战略等，这是表现企业发展潜力和企业主自身素质的绝好机会。风险投资家在初次阅读一份商业计划时，就会对该企业的管理者进行评估，从而预测其回报。

2. 制订融资方案

制订可行的中小企业融资方案，有针对性地进行中小企业融资运作，能够提高中小企业融资的效率。通常要考虑中小企业融资条件、中小企业融资方式、合作期限及资金退出方式。

3. 融资的实施

（1）选择风险投资公司。这是中小企业融资过程中甚为重要的一环。如果对投资者不进行调研和选择，就易造成无谓的四处推销，从而拖延中小企业融资过程。在选择投资者时，通常应考虑到地域、行业重点、发展阶段以及所需资金量等因素。其他一些因素也同等重要，例如投资者在中小企业融资中是否为主投方，已投资过的企业是否会与你的公司进行互补或竞争。

（2）向投资者递交商业计划书。如果投资者对计划书感兴趣，他就会与中小企业融资方联系，进行合作洽谈。投资者要对企业的经营前景、管理团队、所处行业、财务预测等各方面进行深入细致的分析，双方会对合作细节进行充分的洽谈，有时需要中小企业融资方根据投资者的要求对中小企业融资方案或企业条件做修改或调整。

（3）融资成功。双方取得一致意见后，就可以建立合作关系，讨论签订中小企业融资文件，从而获得中小企业融资成功。

二、中小企业融资的注意事项

融资过程中中小企业一定要高度警惕，注意以下三个方面：

1. 确认投资者的实力和可行性

真正的融资服务机构一般都有成功的融资案例，中小企业可以从融资服务机构的成功案例入手，对他们的实力进行确认。

另外，就是商业计划书。正规的融资服务机构一般不会指定专门的公司为融资企业撰写商业计划书，只会要求中小企业自行提供商业计划书。

其次，融资服务机构介绍的投资者。如果投资者确实想投资该项目，一般都是投资者和融资企业共同委托评估公司，评估费用共担或由投资者承担。

2. 不要投机取巧

为了解决融资难问题，很多企业都存在融资急切、占小便宜心理。结果心急坏事，占小便宜吃大亏。很多假冒的投资者就是利用了融资企业的这种心理。

3. 请专家全程服务

在融资过程中，中小企业如果想把风险降到最低，最好请专业的融资服务机构全程跟踪服务，或者请律师参与，事先对投资者的性质和真实性进行判断，在签署协议前做足功课。

第二节 中小企业融资，会讲故事很重要

“我给你讲个笑话，你可别哭。”这是一句电影台词，却可以作为中小企业融资的开场白。

2018 年的一场创客路演上，年仅 17 岁的创业者向台下的投资机构代表介绍了自己创立的“共享图书”项目：每天只要花费 0.15 元，就能从平台上租到自己喜欢的书籍……结果，年轻人讲述的童年遭遇，以及 PPT 中质朴感人的画面，深深打动了现场观众，当场就有两家机构向他伸出了橄榄枝。

虽然说这样的故事是故意而为之，但效果却很明显——拿到了融资。

对于中小企业，谁能先于他人拿到资金支持，便意味着在成功路上能够快人

一步。在商业模式同质化严重、没有太大硬伤的情况下，好的创业故事就是制胜的关键。

中小企业融资，会讲故事很重要。企业能不能拿到投资，关键还要看你怎么展示自己的项目，讲好自己的故事。一个好故事，是这一切的开始。

每个人都发自内心地爱听故事。有了故事，听众才有兴趣，你的想法才有机会展示。那么，好的故事是什么样子的呢？第一要引人入胜；第二要可信；第三要简洁。

一、故事要吸引人

要讲好这个故事，首先要创造引人入胜的故事情节。所有伟大的商业故事，其情节架构都是人们熟悉的正派对抗反派，外加一个完美结局。这听起来过于简单了，但的确就是这样。故事情节的核心力量恰好就是它的简单。

在企业故事中，反派并不是某个人，可以是饥饿，可以是无知，可以是疾病，也可以是浪费。找到反派，就找到了痛点，这是融资漫漫长路上的第一步。

完美的商业故事应该像一场精彩的电影，具体的模板是：正派跟反派战斗，正派获胜。当正派战胜反派时，就迎来了故事的完美结局。战胜不了反派，是不可能拿到融资的，因为不能解决现实问题。

二、故事要可信

商业故事不同于虚构作品，一定要真实可信。虚构的故事或许更有戏剧性，但不能让投资者掏钱。如果商业故事是令人激动的，为了证实这个故事的真实性、合理性，就要拿出事实依据，比如：为什么你的正派有能力击败反派？你有哪些核心竞争力，是突破性的技术还是服务创新？这些技术是怎样解决问题的？

在你的故事架构里，正派和反派经过激烈的交锋，终于分出了胜负。于是，你的故事有了一个真实而又圆满的结局，投资者终于放下心来。只有完美结局才会有说服力，而要想设计一个让投资者信服的完美结局，需要一个合理的市场预测：市场空间有多大，要花多少钱，会赚多少钱，以及判断依据是什么。

三、故事要简洁

在路演的舞台上，必须在120秒内引起听众的兴趣，超过120秒后，投资者的注意力就会分散、眼神就会开始变得呆滞。因此，故事一定要简洁。

第三节　量力而行，选择合适的融资规模

中小企业的发展离不开融资，在科技界流传着一个传说：融资的数额越大就越好。但是，事实并非如此。根据一些创企的实际经验来说，融资数额适度就好，过度的融资反而会损害创企的发展。

团队还在不断挣扎，用有限的财力来支持中小企业发展，金银几乎要散尽时，试图用一切办法来让企业盈利，风险投资基金看起来就像是必杀技一样诱人。

从投资者那里筹得的资金可以给你财力来发展公司，可以让你花时间来做一些合适的事情，还可以让你的信用度爆棚。在其他企业家、有前途的雇员甚至一些员工的眼里都是这样认为的，更不用说你的家人了，因为在他们心里你现在已经成功了。

尽管所有的这些都是真的，但是在这个行业有一个大家都认同的观念：要尽可能筹集较多的资金，要尽可能多次筹集资金。但是实际上，虽然这种观念在

某种情况下是可行的，但尽可能筹集较多的资金在很多情况下并不是对公司最有利的。

一、筹资，不要过度

很多人就餐的时候都有这样的经验：点餐之前，要根据自己的饥饿程度来决定点多少菜。如果有一点饿，点一道开胃菜足够，即使服务员推荐很多菜品，食客也不会再点。因为大家都很清楚，如果吃不掉，剩菜只能被倒进垃圾桶。同样，筹资也不能过度，要根据企业的胃口来，少了，不够；多了，只能造成浪费。

二、花钱不能太急

很多人都知道，发胖比减肥要容易很多。这个道理同样可以被运用于你的融资。如果从银行取出一大笔钱，这个诱惑力（或者说是期待）会加快你的烧钱率，也就是说，花钱的速度会越来越快。在某种意义上，你就会放松警惕。有一个朋友通过自己的努力和自律创立了公司，公司发展很好，决定进行一轮 1000 万元的筹资。在 12 个月之内，由于一次失败的公司扩张计划，他们花掉了几乎一半的筹资，这笔钱主要用于员工的额外津贴、人事主管的津贴。然后，公司倒闭。更糟糕的是，他们丢掉了严谨、高绩效的特征。

三、额度越大，风险越大

如果连续筹集大额资金，为了让刚刚得到的估值说得通，有些中小企业会花钱如流水，孤注一掷。但是，如果企业家破产，承受不了打击，躺在医院，公司也就毫无价值了。

第四节 控制融资成本，减少额外损耗

融资，需要付出成本，大手大脚，稍不留意，就会造成损耗的增加。因此，为了减少消耗，就要控制好融资成本。

一、企业融资成本高的原因

1. 银行提供的贷款利率高，成本压力大

存款流失使得银行资金成本增大。近些年来，随着社会经济的快速发展，我国人口结构发生了很大的变化，金融脱媒与理财产品的快速发展，银行存款增速降低，存款流失使得银行资金资本不断增大。自 2015 年以来，存款余额同期增幅明显下降，2016 年年底降为 10.2%，是历史最低点。一方面因部分贷款承受力高，使得银行存款定期、理财及互联网金融等创新性业务具备向客户支付高息的能力，提高了银行负债成本；另一方面使得银行将揽储成本压力转向企业，企业贷款成本就不断提高。

2. 利率形成与传导机制不够完善

对于市场贷款利率传导机制而言，针对商业银行贷款定价，央行贷款基准利率的指导性依然非常强。目前，我国市场基准利率体系从整体上来讲还不够完善，无法为金融产品定价提供合理的利率基准保障，导致参考上下波动的较高基准利率，由此确定的贷款利率定价依然比较高。所以，因利率形成与传导机制不够完善，在中小企业融资过程中，对于融资成本的控制，央行实施定向降准措施带来的影响并不大。

3. 信用风险较高，议价能力弱

如今，对于我国中小企业而言，发展规模不大、实力不强、信息缺乏透明

性、风险高等缺陷是其普遍存在的问题，因企业自身信用资质不好，在进行银行贷款时必须提供百分百抵押与担保，议价能力非常弱。中小企业融资无法找到适宜的担保人，使得银企间信息不对称，没有构建良好的信用关系，必然会出现银行不敢贷、企业得不到贷款的尴尬局面。

4. 市场信贷利率与产品出厂价格高

自 2014 年以来，国家相继推出相关政策与规定，在一定程度上缓解了部分地区与领域出现的“融资难、融资贵”问题。虽然贷款基准利率明显降低，但相较基准利率，银行对小企业实施的贷款利率则提高了 20%~30%。此种情况下，受市场实际信贷利率与产品出厂价格高等因素影响，中小企业融资成本不断提高，对企业融资发展带来了很大的影响。

5. 还贷行为不规范，增大了负担

对于中小企业而言，续贷是要向银行偿还贷款，筹资还贷过程结束后，再次获得贷款，其间，一些企业利用民间融资方式进行短期资金周转。同时，为了与银行保持良好合作关系，部分中小企业以隐蔽方式支付公务费，一定程度上增大了企业贷款成本与还款压力。另外，一些银行的不规范行为，如搭售银票与贷后返存等，提高了企业融资成本。

二、降低融资成本的方法

1. 根据需求选择融资方式

目前，中小企业融资的方式有：发行股票、债券，向银行借贷，票据融资，贸易融资等。以上几种融资方式有着不同的特点，企业可以根据不同需求选择不同的融资方式。不同的融资方式有着不同的融资成本，这种成本有的表现在利率上，有的表现在费用上，中小企业可以量体裁衣，在满足融资的同时，尽量选择适合自已的方式，进行低成本融资。

2. 合理贷款，节约成本

把贷款时间适当拉开，分成短期、中期、长期几个不同的时间段，把贷款压缩在基本保证生产经营资金的额度内，有钱及时归还，就可以大大减少成本。如果企业生产经营波动性大，可以通过临时调整贷款增减额的方式来满足资金需求。

3. 注重积累控制负债

中小企业要保持旺盛的发展活力和强大的市场竞争力，不能靠高负债筑起自己的金字塔，要靠不断的自我积累，使企业由小变大，由弱变强。

第五节　将控制权掌握在自己手里

一、同股不同权的内容

首先，同股不同权是指非流通股股东在公司中拥有控股地位，流通股比例过小，出现了一股独大、中小股东权利弱等情况，大股东独掌上市公司的经营管理，会侵蚀中小股东的利益，而不是追求公司的发展，无法实现利益最大化。

这是因为，在股权分置的情况下，大股东所持股票是无法流通的，非流通股股东不能在股票价格的上涨中获益，他们的资产价值与股价的涨跌和公司业绩没有关系，大股东只能通过“掠夺”公司来获取利益，如此必然会侵害中小股东的利益，造成流通股股东和非流通股股东之间利益的高度不一致。

这一利益分裂会进一步造成企业控制权的分裂，使拥有所有权的企业股东和拥有经营权的管理人员之间引发矛盾，甚至成为公司的次要矛盾，而主要矛盾则变成了所有者之间的控制权分配问题。这一多重的委托—代理关系，会大大增加公司治理的难度和成本。

其次，股权分置的“同股不同价”现象还会造成市场定价机制的扭曲。一方面，非流通股股东取得股票的成本远低于流通股股东的成本；另一方面，大股东的股权定价是以每股净资产而不是股票价格为基础，非流通股股东无须关心二级市场价格的波动，二级市场上股票的价格并不是公司真实价值的如实反映，股价的涨跌严重偏离公司业绩，市场的价格机制不能得到有效发挥，不仅会削弱激励机制在公司的应用，还会让外部收购兼并功能失灵。

1. 同股不同权正负面影响

目前，学术界对同股不同权负面影响的研究主要集中在特权的保护、控股股东的私欲、股份价值折让和其他一些连带影响。

（1）特权的保护。同股不同权无法让非控股股东罢免高管，高管的特权就变相得到保护。如果高管不去谋取私利，就没有机制约束高管，即使提高了公司价值和业绩，或以其他符合多数股东意愿的方式经营公司，结果也会如此。主要原因还在于，同股不同权只能导致同一股份投票权的不同，而同一股份的股息还是相同的。因此，持有少数股份的控股股东和高管，并没有诱因激励他们为公司获取更佳的回报。

（2）控股股东的私欲。同股不同权导致的另外一个后果就是控制权与所有权的分离。在持股数量相同的情况下，拥有较多投票权的股东以较小的股本投资，就能拥有对公司的控制权。而对同股同权的公司而言，只有拥有较多或占优势的股份才能取得公司的控制权。对前者而言，控股股东指的是拥有较多投票权的股东；而对后者而言，控股股东指的是持有较多股份的股东。

（3）股份价值折让。同股不同权最直接的后果就是，拥有较多投票权的股份的价值高于普通股份。

（4）连带影响。同股不同权的公司，资金使用效率一般都比较低、行政总裁薪酬较高、收购交易较难成功及资本回报率低……因此，同股不同权公司较同股同权公司更难吸引机构投资者。

2. 大股东和小股东溢价的缘由

大股东和小股东溢价的具体原因如表 10–1 所示。

表 10–1 大小股东溢价的不同缘由

缘由	说明
大股东溢价的缘由	在中小企业的经营发展过程中，大股东可以对企业的经营结构进行调整，提升企业整体经济效益。一旦企业获得了更大的效益，就能一同和股东共享收益。但是，大股东具有控制权和签单权，可以借助控制权伤害小股东，为自身获取更大的利益，这样就形成了不平等的股权地位。 在资本市场运行中，大股东的控制方式，一般会通过大宗交易实现，继而获得溢价。溢价收购可以真实地反映出大股东控制权拥有价值量，还能表明控制权更多是为私人收益服务。
小股东折价的缘由	小股东指的是，在中小企业经营发展中，对企业的经验决策和利润分配没有实质性作用、持有分量比较小的股东。法人股小股东，一般都是发起人股东。 在企业经营发展过程中，企业经营获得的利润有着明确的预期，对大股东执行的经营理念比较认可。如果是自然小股东，为了避免通货膨胀，股东会降低自我资产，将二级市场中买进的股票作为投资理财，提升自身资本价值；当股权增值或有红利时，就实现分享股值。因此，在这些股东中，利益受损最大的是自然股东

当然，各股东之间还会形成剥削关系，大股东会利用自己在治理结构中的优势，借助一些手段整合小股东的利益。

二、合伙人之间的权益及股权分配

谈到“西少爷”，除了逆势而为的融资节奏让人们艳羡外，给人们印象深刻的还有曾经的团队内讧事件。

2012 年底，孟兵、宋鑫、罗高景在西安交通大学北京校友会上认识。三人一拍即合，2013 年 4 月成立了科技公司“奇点兄弟”，孟兵、宋鑫、罗高景的股权分别为 40%、30%、30%。这种团队构架并不稳定，为后来争吵埋下了隐患。

孟兵和宋鑫都很强势，只不过孟兵会表露出来，而宋鑫骨子里却非常固执己见，罗高景则扮演了调节者的角色。“西少爷”开业当天中午，共卖出 1200

个肉夹馍，开业不到一周，便吸引来了投资机构，给出了4000万元的估值。在引入投资、协商股权架构的过程中，孟宋之间产生矛盾，直接导致了创始人团队的解散。

“西少爷”原本是一家前途无量的明星创业公司，在公司刚走上正轨时，创始人团队却分崩离析。主要原因就在于，合伙人股权设定不合理，继而引发矛盾。

公司创业初期，合伙人的股权比例分配非常重要，一定要在创立之初就约定好，还要设定相应的退出机制，以及预留出一定比例的股权吸引优秀的人才。随着投资人的引入，投资方股权的占比也要根据公司的竞争优势、盈利能力和发展潜力进行估值，同时约定投资人的退出机制！

合伙人之间在分配股权时，要考虑下面几个因素：

1. 团队是否有合伙人

在过去，很多创始人是一人包打天下。现在，新东方“三驾马车”、腾讯“五虎”、阿里巴巴“十八罗汉”……我们已经进入了合伙创业的新时代。创始人单打独斗心力难支，合伙人并肩兵团作战，共进退才能胜出。因此，要寻找在产品、技术、运营或其他重要领域可以独当一面的同盟军。

中小企业合伙人的重要性胜过风口的商业模式！在实践中，有很多中小企业会问“如何做员工股权激励”，很少有人问“如何做合伙人股权设计”。即使有些企业主知道合伙人的重要性，但他们公司的股权架构依然是：上边是“慈禧”，下边是“义和团”，重要合伙人很少持股。

合伙经营企业，合伙人既要有软的交情，也要有硬的利益，才能长远。只讲交情不讲利益，或只讲利益不讲交情，企业都无法长久。

2. 团队是否有真正的领导者

中小企业的股权架构设计，核心是领导者的股权设计。领导者不清晰，企业股权也就没法分配。当然，有清晰明确的领导者，并不必然代表专制。领导者不控股时，企业可以通过事业合伙人制等确保领导者对公司的控制力。团队的决策机制，可以民主协商，但意见分歧时必须集中决策，一锤定音。

在公司的股东会与董事会层面，领导者只对公司有控制权，公司才不会沦为赌徒手里转售的纸牌。领导者在底层运营层面适度失控，公司才能走出领导者的短板与局限。

企业没有明确的领导者，可能会影响到企业的决策效率，甚至引发团队内部的股权战争。

3. 团队是否完全按出资比例分配股权

如果把企业经营看成是一场远距离拉力赛，赛车手最后可以胜出的原因，至少包括跑道的选择、赛车手的素质与跑车的性能。跑车赖以启动的汽油，肯定不是胜出的唯一因素。

企业合伙人的早期出资，就好比那桶汽油。过去，如果公司启动资金是 100 万元，出资 70 万元的股东即使不参与创业，也会占股 70%；在现在，只出钱不干活的股东、“掏大钱、占小股”已经成为常识。过去，股东分股权的核心是“出多少钱”，“钱”是最大变量；现在，“人”是股权分配的最大变量。

现实中，很多中小企业的股权分配，都是“时间的错位”：根据团队当下的贡献，分配公司未来的利益。企业发展初期，不好评估各自贡献，团队的早期出资就成了评估团队贡献的核心指标，致使有钱但缺乏能力的合伙人成了公司大股东，有能力但资金不足的合伙人成了小伙伴。笔者建议，全职核心合伙人团队的股权分为资金股与人力股，资金股占小头，人力股要占大头。

4. 合伙人是否有退出机制

合伙人股权战争最大的导火索之一，是完全没有退出机制。比如，有的合伙人早期出资 5 万元，持有公司 30% 股权；干满 6 个月，与团队不和，主动离职，或由于不胜任、健康原因或家庭变故等被动离职。

离职后，退出合伙人坚决不同意退股，理由很充分:《公司法》没规定，股东离职得退股；公司章程没有约定；股东之间也没签过任何其他协议约定，甚至没就退出机制做过任何沟通；他出过钱，也阶段性参与了创业。

其他合伙人认为不回购股权，既不公平也不合情理，但由于事先没有约定合伙人的退出机制，对合法回购退出合伙人的股权束手无策。对于类似情形，可以这样做：

（1）在企业发展初期，合伙人的股权分为资金股与人力股，资金股占小头（通常占 10%~20% 之间），人力股占大头（80%~90% 之间），人力股至少要和四年服务期限挂钩，甚至与核心业绩指标挂钩；

（2）合伙人离职，资金股与已经成熟的人力股，离职合伙人可以兑现，但未成熟的人力股应当被回购；

（3）合伙人之间要就退出机制的公平合理性进行充分沟通，做好团队的预期管理，然后再做方案落地。

5. 外部投资者是否控股

对股权缺乏基本常识的，除了企业主和创业者，还包括大量非专业机构的投资者。比如：

投资者投 70 万元，创始人投 30 万元，股权开始简单、直接、高效、粗暴地做成 70 ：30。但是，项目运作 2 年后，创始人认为，自己既出钱又出力，却成了小股东，投资者只出钱不出力却是大股东，不公平。想找其他合伙人进来，却发现没股权空间。

投资机构看完公司股权后，没有一家敢进。早期如果没有调整好股权结构，会给后续合伙人与机构投资者的进入添堵，进而限制公司的发展。

6. 能否给兼职人员发放大量股权

为了撑门面，很多中小企业都会找一些高大上的外部兼职人员，并发放大量股权。但是，兼职人员既不会投入太多的时间，也不会承担经营风险，股权利益与其对创业项目的参与度、贡献度严重不匹配，性价比不高，很容易导致全职核心的合伙人团队心理失衡。

对于外部兼职人员，要以微期权的模式合作；同时，对期权设定成熟机制，不是大量发放股权。经过磨合，只有弱关系的兼职人员成为强关系的全职创业团队成员，才能增发股权。

7. 是否给短期资源承诺者发放大量股权

在企业发展过程中，为了借助外部资源，有些中小企业会给投资者许诺过多股权，把资源承诺者当成公司合伙人大额发放股权。

如此，就会面临这样一些问题：资源的实际价值不好评估；资源的实际到位有很大变数；很多资源是短期阶段性发挥作用；对于价值低的资源，没必要花大量股权去交换。

对于价值高的资源，投资者也不愿意免费导入。因此，对于资源承诺者，可以优先考虑项目合作，利益分成，而不是长期股权深度绑定。

即便股权合作，也要跟投资者建立链接关系，进行微股权合作，且事先约定股权兑现的前提条件。

8. 是否给未来管理者与员工预留一定比例的股权

企业经营就像接力赛，需要分阶段有计划地持续招募人才。股权是吸引人才的重要手段，因此，团队最初分配股权时，应该有意识地预留一部分股权放入股权池，为持续招募人才开放通道。如果对预留股权招募后续人才达不成一致意见，会影响到人才招募，进而严重影响公司发展。

9. 团队是否签署了合伙人股权分配协议

团队股权的进入机制与退出机制，一般都无法写进工商局推荐使用的标准模板公司章程。因此，对于股权的进入机制与退出机制，要单独签署合伙人股权分配协议。

第六节　选择最佳的融资时机

生产经营性质不同的中小企业，都有自己不同的融资时机，不能一概而论，但通常说的融资时机就是企业所有生产经营准备就绪需要启动资金。在正常运转企业生产经营过程中，一旦扩大生产经营规模，导致流动资金或固定投资资金的缺乏，就会成为中小企业的融资时机。

所谓融资机会是指由有利于企业融资的一系列因素所构成的有利的融资环境和时机。中小企业选择融资机会的过程，就是寻求与内部条件相适应的外部环境的过程。

从企业内部来讲，过早融资会造成资金闲置；过晚融资，又会失去投资机会。从企业外部来讲，经济形势瞬息万变，会直接影响中小企业融资的难度和成本。因此，只有抓住企业内外部的变化所提供的有利时机进行融资，才能较容易地获得成本较低的资金。

一、中小企业融资需要重视的因素

1. 企业融资机会是在某特定时间出现的一种客观环境

虽然中小企业本身也会对融资活动产生影响，但与外部环境相比，本身对整个融资环境的影响是有限的。在多数情况下，企业实际上只能适应外部融资环境而无法左右外部环境，因此必须充分发挥主动性，积极地寻求并及时把握住各种有利时机，努力寻找与投资需要和融资机会相适应的可能性。

2. 外部融资环境复杂多变，企业融资决策要有超前性

为了找到最佳的融资机会，中小企业要及时掌握国内和国外利率、汇率等金融市场的各种信息，了解国内外宏观经济形势、国家货币及财政政策等外部环境因素，合理分析和预测能够影响企业融资的各种有利和不利条件以及可能的各种变化趋势。

3. 考虑具体的融资方式所具有的特点，并结合自身的实际情况，制定出合理的融资决策

比如，在某一特定的环境下，不适合发行股票融资，却可能适合银行贷款融资；在某一地区不适合发行债券融资，但可能在另一地区却相当适合。

总之，中小企业必须善于分析内外环境的现状和未来发展趋势对融资渠道和方式的影响，从长远和全局的视角来选择融资渠道和融资方式，必须选择最佳的融资机会。

二、企业如何选择最佳的融资策略

中小企业的创立、生存和发展，都要以多次融资、投资、再融资为前提。资本是中小企业的血脉，是企业经济活动的第一推动力和持续推动力。对于中小企

业而言，如何选择融资方式，怎样把握融资规模以及各种融资方式的利用时机、条件、成本和风险，都是在融资之前就需要进行认真分析和研究的。

中小企业引入融资的最佳时机应考虑五个关键时刻：

1. 银行放贷最佳的时候

要掌握年初、年中、年末贷款时机，比如，年初申请贷款比较容易通过审批，贷款额度相对宽松，是企业引入融资的有利因素。

2. 融资利率最低的时候

比如，央行降准降息释放流动性的时候，资金面相对宽松，贷款比较好贷。这是企业融资最为有利的货币政策因素。

3. 企业投资收益回报最大化的时候

比如，在经济恢复上行、企业投入产出比最高的情况下引入融资，这是最有利的经济因素。

4. 社会融资最活跃的时候

此时社会资金相对宽松，一些投资公司也急于寻找投资项目，企业寻找投资伙伴往往容易成功。

5. 企业最缺资金的时候

需要资金补充，这是融资的内在冲动。

第七节　民营企业融资需注意的问题

一直以来，民营企业融资都是一个瓶颈性问题，融资要注意的事项也比较多。融资的过程中，一定要关注需要注意的问题。

一、民营企业融资的注意事项

1. 与投资者建立持久的同伴关系

投资者往往有两种：一种是持久的投资，能够跟你同舟共济一起把事业做好；另一种是短期投资，妄想项目疾速提高价值，在恰当的时分用恰当的方法将股份卖掉，取得差额报答。

在民营企业发展的进程中，这两种投资者都是很好的同伴，都对项目有促进效果，而且，投资者会想方设法协助你把项目做好，因此要与投资者建立持久的同伴关系。

2. 不是资金越多越好

有些人以为资金越多越好，如此，才显得公司有实力。其实，任何事物都有适宜的“度”，过多或过少都有问题。资金的多少，要看项目能够投入和开展的空间有多大。因此，并非资金越多越好。

3. 与投资者对等会谈

有些民营企业缺少业务经历，自得意满。须知，世界上好的项目永远都要比希望得到好项目的资金少，要自信，发扬出本人的优势，与投资者进行对等会谈。

4. 项目描绘应浅显易懂

很多投资者都不会对一切的行业范畴进行调查，因此，在书面和会谈中，应尽量将你的项目浅显易懂地描绘出来，确保对方可以了解，且要强化优势。

5. 充分表现本身价值

与投资者会谈，必须充分表现本身价值，比如网站的用户群体、优异的团队、才干等。不然，只能被投资者冷落。

二、民营企业融资需要注意的法律问题

1. 股权安排

股权安排就是投资者和融资者就项目达成一致后，双方在即将成立的企业中的权利分配的博弈。目前，法律还没有有力的保护措施，公司治理中普遍存在大股东控制公司、侵害公司和小股东的利益情况。对股权进行周到详细的安排，是融资者和投资者需要慎重考虑的事项。

2. 回报方式的选择

例如，债权融资中本金的还款计划、利息计算、担保形式等需要在借款合同中重点约定。如果投资者投入资金或其他的资产，获得投资项目公司的股权，就要重点安排股权的比例、分红的比例和时间等。相对来说，投资者往往更加关心投资回报方面的问题。

3. 融资方式的选择

融资方式有很多种，例如：债权融资、股权融资、优先股融资、租赁融资等，各种融资方式对双方的权利和义务的分配也有很大的不同，会对企业经营造成较大的影响。

4. 可行性研究报告、商业计划书、投资建议书的撰写

三个文件名称不同，内容大同小异，包括融资项目各方面的情况介绍。这些文件的撰写要真实、准确，是投资者判断是否投资的基本依据之一。

5. 投资者的法律主体地位

法律规定，某些组织是不能进行商业活动的，寻找这些组织进行投资，可能导致协议无效，不仅浪费成本，还会造成经营风险。

6. 尽职调查中可能涉及的问题

投资者进行的尽职调查，要对融资者和投融资项目的有关法律状况进行全面

了解，根据了解的情况出具尽职调查报告。

7. 投融资项目要符合中央政府和地方政府的产业政策

在中国现有政策环境下，许多投资领域是不允许外资企业甚至民营企业涉足的。

第十一章 路演：瞄准投资者的钱袋子

第一节 事前准备好，不做事后诸葛亮

在路演前，民营企业务必要做好充分的准备工作，想好自己真正的路演需求：企业是否需要融资？需要什么方式的融资？做好引进投资的准备了吗？

一、了解企业的真实情况

对企业的真实情况，特别是以下关键点要有全面认识和总结，沟通时精准传递企业信息：

1. 关于盈利模式

投资者对这部分最感兴趣，要告诉他们：你是怎么盈利的，要详细介绍你的产品和定价，并用事实来证明该市场正在焦急等着你的产品和服务进入。

2. 关于团队和资源，以及现有业务和关键的团队成员

详细介绍，同时明确落实可以调配的资源及程度，不是你的或不确定的可以不讲。

3. 关于融资计划

要说清楚需要多少钱，越细越好，说清楚融来的钱花在了哪些地方，说明未来三年的市场规划以及估值逻辑。

4. 关于商业模式

定位真正属于自己的潜在客户，明确地说出给谁、解决什么问题、能够带来什么价值，最好一句话能说清楚。

5. 关于行业背景、国家政策及主流宣导等

这些内容可以不详细讲，只需告诉对方你可以做什么、正在做什么、下一步准备做什么。

二、企业在路演现场如何为自己加分

1. 介绍经营成果

投资者第一看重的是团队，第二是项目创意。在演讲的前段，要让投资者对你和你的团队有刮目相看的感觉，可以说说你和团队到目前为止取得的成就，比如：销售额、订单量、产品的火爆等。

2. 介绍优势

要跟听众分享产品独一无二的地方，和为什么它能解决你所提到的问题。这一部分最好简约介绍，要让投资者听过后，以轻松地向另一个人介绍你到底在做什么，尽量少使用行业里的生僻词汇。

3. 竞争对手分析

具体方式是：列个表格，把不同的比较项放在顶行，把你和竞争对手放在最左列，然后一个一个来进行比较，具体说明你的优势。

4. 讲个故事

以一个动人的故事开始演讲，能够从一开始就勾起听众的兴趣，如果把故事和听众联系起来就更完美了。当然，所讲的故事应该是有关于产品所要解决的问题。

5. 退出机制

如果融资额超过了 100 万美元，多数投资者都想知道你的退出机制是否明晰。你是希望被收购还是上市，或者其他退出方式。

6. 如何获取客户

这是路演和商业计划中经常被遗忘掉的部分，要告诉听众：你要怎么招募到顾客、得到一个用户要花多少钱、怎么推广才算成功。

三、路演过程中应当避免的错误

一次成功的路演和一段精彩的八卦相比，虽然使用的手法基本相似，但是路演不是容易过于平淡就是容易过于离奇。路演过程中，有些错误是需要注意和避免的。

1. 从头开始叙述

路演的时候，不需要从头开始讲故事，要用新颖跳跃的方式来路演。在选取具体路演素材的时候，可以把它们当作单个的互不牵连的元素来看待，先记在便利贴上，然后进行排列组合。

2. 不够个性化

不管企业销售的是面巾纸，还是云计算构架或医疗器械设计，都会最终涉及个人。路演时要尽量人性化故事的主角，把人物勾画得活灵活现，让听众迫不及待地想参与其中，或迫不及待地想知道接下来会发生什么。切记：只有塑造真实的故事，才能让人产生共鸣。

3. 只是叙述，没有渲染

"要渲染，不能只是叙述。"当然，渲染的前提是内容真实，跟听众交流的时候，不要只平铺直叙，要告诉他们：你做了什么、你感受到了什么。要用真情实感去打动他们，让他们自然而然地产生共鸣。

4. 缺少冲突

公司里永远会有问题发生，这些素材完全可以拿来讲述一个有关责任、赔偿以及补救的故事。不仅消费者更容易信任愿意公开认错的企业，不愿意承认错误的竞争对手也会因此付出巨大的代价。

5. 造假

路演的故事必须真实，虚假的故事只能祈祷快点被人遗忘。

第二节 站在投资者立场，明确主要内容

一、到目前为止你取得了哪些成果

如果想快速获得投资者的信任，就要告诉他们，你已经做了什么。如果只是处于创意阶段，等有了更多进展，再去找投资者，没有深入调查的酒会推销最糟糕。如果公司已经开始运转了，就这样推销："我们已经设计出一款手机应用程序，可以帮助用户发现所在区域内的测速摄像头。我们在 3 个月前推出市场，已经有 800 人注册试用，我们准备融资 250 万元进行更广泛的市场推广。"

二、你如何解决问题的

如果生产一种新品牌的咖啡，投资者就会意识到这样的问题：有 2300 万的消费者对咖啡过敏，不能喝咖啡，这时候就要告诉投资者：你在过去 18 个月开发的、正在申请专利、能降低咖啡过敏反应的制作方法，让他们也开始享用以前从来没有享用过的产品。同时还要告诉他们，怎么做产品的市场推广、客户为什么喜欢你的产品。

三、为什么只有你才能实现该想法

在投资决策中，80% 取决于团队，并不是每个投资者都会认同你的看法，但一流的团队比一流的想法或一流的市场更重要。随着时间推移，伟大的团队更善于找到合适的创意和市场。投资者更看重企业已经在如今所做的事情上积累了经验，不喜欢人们用自己的钱去学习一个新的市场。

四、该路演主要的是什么

路演应该做的最重要的事，就是说服投资者需要解决的问题，比如：手机话费太高、人们很难知道城里正在开什么音乐会、网站站长很难通过 Banner 广告赚到足够的钱。如果投资者无法看到你所说的问题，就不会认可你的产品或服务能够被大量用户接受。

五、你的目标市场是什么？有多大

面对投资者，不要说服务行业的市场容量是 2.3 万亿美元。如此，只能让投资者觉得你不切实际，要实际一点，比如说：我们为用户开发了一种能够提供优质服务的洗发水。如此，投资者也就知道你的目标市场了。

第三节　提炼路演的核心——商业模式

无论是企业，还是投资者，对商业模式的重视和偏爱都非常明显。在民营企业的融资路演中，如果投资者没有看到足够好、足够创新、足够完善的商业模式，就很难融到资。那么，什么才是投资者喜欢的商业模式呢？用一个词来概括，就是“不可复制”。

不可复制是投资者看商业模式最重视的因素。不论企业选择什么类型的商业模式，只要是不可复制的，就是好的。那么，什么样的商业模式才是真正不可复制的呢?

一、商业实践

试想一下，两个公司设计出一模一样的商业模式，其中一个能够完全按照模式进行实践，而另一个在实施过程中发现难以履行，最后的结果谁胜谁负，就很明显了。所以，民营企业在打造不可复制的商业模式时，要把重心放在“实践”上。商业模式的成功与否体现在两个方面：实践速度和运营效率。

1. 实践速度

目前，国内的商业跟风现象非常严重，只要出现创新模式，就会有很多“山寨版”迅速上线，导致蓝海变红海，行业竞争激增。但是，为什么一些行业巨头的商业模式就很难或几乎无法复制呢?

比如，淘宝。淘宝的商业模式其实就是电商，但是面对国内无数电商平台的冲击，淘宝为什么能够屹立不倒呢？主要就是因为，淘宝的商业模式看似简单，但很难落地实践。淘宝的商业模式赖以生存的环境、根植的商业哲学、依赖的运营团队是不可复制的。

即使是再复杂的商业模式，只要能够很快落地，就容易被复制。但是，如果能赶在竞争对手之前实践商业模式，建立自己的独特优势，让商业模式拥有不可复制的特性，那么，这样的商业模式就是成功的。

2. 运营效率

商业模式的设计决定了企业盈利的来源和构成，而商业模式的运营效率并不是指单方面的运营效率，而是涉及商业模式的所有方面，包括：产业链上下游、合作伙伴、企业各部门之间等，只有提高各方面的协同效率，才能提高整体运营效率，让商业模式真正不被他人模仿。

二、如何设计商业模式

了解了商业模式如何成功之后，就要知道如何设计成功的商业模式了。

1. 具体可行

在路演中，投资者希望能够全面理解企业的商业模式，假大空的推销式演讲是硬伤。民营企业在路演中要明确地阐释商业模式的可行性和投资价值。再好的商业模式，如果不能真正实现，对投资者来说都是一纸空文。所以，在路演中要用最直白的方式向投资者证明商业模式的可行性。

2. 相互补充

要想发挥商业模式的最大价值，各要素之间就要进行合理的搭配，相互强化。这些要素包括：成本结构、盈利模式、利益相关者等。仅靠单个要素，无法让整个商业模式成功。所以，元素之间的互补性是让商业模式实现盈利的关键。

3. 没有标准

商业模式是没有标准的，民营企业要根据自身的具体情况，在设计商业模式时进行一定的独特化处理。忽视了企业的真实情况，按照所谓“标准”设计出来的商业模式，一定很容易被复制，也无法让企业实现持续盈利。

第四节　路演应该说什么

融资路演总体上可以分为两个部分：第一部分是清楚地向投资者传达你的目的，不论听众是否对你的产品感兴趣，是否愿意出钱投资你的创意，这都是最基本的；第二部分是为对公司或产品感兴趣的人准备的。

许多民营企业创始人都有很好的创意，但由于使用了错误的推介方法，无法达到预想效果。登上融资路演的舞台不是一件容易的事情，尤其是当民营企业第一次尝试去做这件事的时候，刚走上创业之路的“小白”第一次融资时，肯定是兴奋的、紧张的、焦虑的、五味杂陈。即使是一些创意完全有可能转化为成功的业务，也可能被糟糕的推介葬送。

为了避免发生这样的问题，向投资者推送项目时，就要注意自己的演说内容。那么，融资路演时该说什么?

一、打算如何花钱

钱怎么花?如果细节不具体，好创意就会凋零。这时候，就要选择一个详细的财务模式，雄伟蓝图至少要规划到未来三年，不仅要包含运营成本，还要包含收入增长、利润，以及潜在利润。最重要的是，要了解不同部门如何使用资金，了解每一个商业项目如何使用资金，如果已经制定了可预知投资回报率的营销策略（比如投资 1 美元，回报 5 美元）也需要详细地向投资者解释。

要规划好，你会以多快的速度花掉这些钱，准备达到怎样的“里程碑”……这是投资者关心的问题。此外，当潜在投资者评估你的公司时，有一个准确的财务预测，可能会帮助你摒弃掉一些风险，特别在第一次寻求天使投资时，记住：能规避掉的风险越多，获得风险投资的机会也就越大。

二、解释准备如何建设团队

有理想固然不错，但企业的成败在于执行。最好的民营企业，都是靠一群有天赋有能力的人创建出来的。在路演的时候，至少要用一张 PPT 来介绍团队，展示他们的与众不同之处。多数投资者都喜欢“B 级创意 A 级团队”投资，而不是“A 级创意 B 级团队”。业务都是动态的，出人意料的事情总会发生，必须尽最大努力做好应对准备。

如何做到?关键是建立一个强大的团队。要向投资者介绍一下：董事会现在有谁、他们擅长什么，有多少人不仅仅只是以个体方式工作，还会以团队的形式工作。投资者都知道，每个企业都有竞争对手，只有最强大的团队，才能构建出最好的产品和品牌，最终赢得市场。

如果有一支强大的团队，就要毫不犹豫地展示出来。在讨论公司愿景的时候，如果团队成员是一帮菜鸟，也不要着急，可以告诉投资者：在获得资金支持之后，你会采取什么样的招聘策略，并招募一些什么样的人才。

三、做好应变准备

投资者本来承诺给你一小时，结果中途有变，虽然遗憾，但这种事情时有发生，所以要提前做好准备，随时可以将推介时间缩短一半，或者只有原来的四分之一。许多时候投资者还想看你的即兴发挥，看看你的准备是否充分。通常融资路演分为两部分，主路演和附路演，在主路演阶段，要做 PPT 演示，告诉投资者创业故事、创业指标、团队成员，以及发展愿景。在附路演阶段，还要播放一些配套的幻灯片。

将这些元素联系在一起很难，因为有些是故意设计的。投资者不会让你轻松拿到钱，如果想告诉投资者你的创意比其他创意更好，就要将最好的东西推介出去。如此，路演需要控制在多长时间呢？通常来说，需要播放 30~36 张 PPT。

四、去掉“更好”

“更好”并不意味着更多。介绍时，要多说如何变得更便宜、如何更快、如何让风险变得更低，这些东西更有形，更容易评估。投资者需要的是事实，不是观点。如果想推介之前做过的事，必须指出关键变化在哪里，变化必须很大，必须向好的方向变化。如果产品与其他人一样，是难以成功的。

民营企业给自己确定位置时，并不是制造现有产品的“更好”版本，要明确指出自己的方法是完全不同的，其差异性足以影响市场……

五、告诉投资者如何解决痛点

所有出色的融资路演，都是从一个故事开始的，然后介绍某个行业痛点，再给出自己的解决方案，到最后的公司愿景。因此，在路演的时候，一定要提到自己产品所解决的最初行业痛点。比如：你是如何无意中发现这个痛点的？你为什么要解决这个痛点？你的解决方案是最好的吗？当你募集到资金，就能帮助更多人解决这一问题等，这些都需要在路演中提及。

六、不要太独特

差异性太大，过于独特，也会给投资者投资增加风险。所以，不要介绍业务有多么独特，能够颠覆行业，夸大创意的新奇性，只会毁了好创意。要多说说你是怎样在新奇与市场现实之间保持平衡、如何用现有销售渠道销售新产品或新服务的……如此就能证明，你的新服务可以被客户使用。

七、积极回答和反馈

路演结束时，有一个答疑环节，可以帮助潜在投资者了解你的公司业务指标数字和竞争优势。对于投资者提出的问题和反馈，都要做好笔记，并在下次路演时做好解答。

第十二章　如何应对投资者

第一节　对投资者团队的全面调查

对投资者进行调查是融资的必要环节。

每个投资者是不同的，不同的投资者对民营企业也提出了不同的要求，因此要想获得融资的成功，就要对投资者的团队进行全面调查。

关于对投资者团队的调查，我们这里着重说一下不同团队的投资风格。

一、成长型投资者

成功投资者兼作家菲利普·费雪在20世纪50年代首创了这一投资策略，由麦哲伦基金的基金经理彼得·林奇在80年代将它发扬光大。

成长型投资者主要趋向于寻找营收具有很大潜力、可迅速扩张其内在价值的公司股票。成长型投资强调成长所带来的价值增长，并将其与价格做比较。

二、技术型投资者

技术型投资者主要使用图标收集标示股票涨跌预期的市场行为信息、市场走势和其他动态指标。技术分析的大师是《投资者商业日报》的创始人威廉·奥尼尔，技术型投资策略会在股市持续走高的时候使人沉醉其中从而丧失应该有的判断力。当股市中最受瞩目的股票不断上涨时，吸引力会进一步加大，采用技术型投资策略的人会错误地认为自己是最高明的炒家。

三、价值型投资者

价值投资的策略最初是由格雷厄姆和戴维·多德在20世纪30年代率先提出的，后来巴菲特对这一策略推崇备至，并依靠它大获成功，自20世纪七八十年代风靡全球。

价值型投资者主要依赖于对目标投资公司财务表现的基本面进行分析，识别市场价格低于其内在价值的股票。价值型投资者强调已知的价值，并将其和如今的价格做比较。

四、组合型投资者

组合型投资者首先明确自己的投资偏好，然后构建一个具有相应风险的分散化证券组合。投资组合理论最初出现在20世纪五十年代，七十年代经过多位诺贝尔经济学奖获得者的优化。这种策略的一个基本假设是价格和价值是相等的。如果“有效市场假设”是正确的，则价值型投资策略就会变得毫无用处。

五、指数型投资者

价值投资策略创始人格雷厄姆认为，这种选择股票的策略适合防守型的投资者。20世纪80年代，先锋基金创始人约翰·博格使这一策略流行起来。

指数型投资者主要购买能够复制较大细分市场的股票，不用专业的分析能力，不需要做额外的功课，投资回报是整个指数的表现。

在进入市场之前，最好仔细梳理并确定自己的能力圈，深入了解上述五种投资策略的详细特点，选择与自己能力圈和自身特点相适合的投资策略类型。

第二节 准备好相关资料

一、投资者背景调查准备

多年来，笔者给民营企业建议中最重要的一条就是对潜在投资者做背景调查。融资实际上就是和投资者结婚，要想摆脱不喜欢的投资者或需要依赖的投资者比离婚还难。

要想对投资者做好调查，就要做好相关的准备：

1. 调查潜在投资者的基本背景

很多民营企业都会被直观的投资机构名气、投资者头衔所迷惑，而忽略了基本背景的调查。风投机构和投资者非常注重经营自己的品牌，因为他们知道好的品牌名声可以更好地帮助他们争取项目、促成交易。但对于民营企业而言，重要的不是风投机构的品牌形象，应该多听听已经接受该投资机构投资的民营企业的看法。同时，要控制好时间，最好是在他们向你发出了投资意向书，而你还在考虑接受与否的时间。

2. 发挥你的独立判断能力

任何投资者都不可能获得百分之百的正面评价，如果调查中没有取得丝毫的负面评价，说明你的调查工作并没做到位。多数风险投资项目最终都是失败的：有些项目因鲁莽的业务重组而失败，有些则是因为资金流断裂而失败。创业项目失败会让人们的情绪变得偏激，要去其糟粕取其精华，尽可能还原事实真相。为了做出更加准确的判断，获得了对投资者的负面评价后，最好听听投资者的说辞。

3. 征求投资者的同意，开展背景调查

其实，征求同意本身就是一种调查。如果投资者觉得被冒犯，觉得反感，这种傲慢的态度对于民营企业来说是一个警示。如果投资者欣然接受你对他们做背景调查，他们认为这是一个好事，就说明你在以后招聘关键人物或引入关键合伙人的时候，他们也会秉持同样谨慎的态度。

4. 做一些清单以外的外围调查

每一家机构都能提供很多的调查资料，坦诚的机构一般会给你一份资料清单，并为你安排你想对话的人。但要尽量通过自己的社交网络去接触那些被这家机构投资并不在这份清单上的创业者，听听他们对这家机构的看法。

二、明确投资者的考察内容

如何对投资者进行考察呢？在背景调查时，应该问什么问题呢？下面是我的一些建议，民营企业可以根据自己的情况选择性使用。

（1）在董事会会议期间，你是不是会私下和这个投资者进行交流？是以怎样的方式交流？原因是什么？

（2）如果公司取得巨大成功，你也实现了财务自由，你还会让这个人做你下一家公司的投资者吗？

（3）投资者为你或者你的公司做过的事情中，最有帮助、最有价值的是哪一件事儿？

（4）你是否和投资者有过意见不合？他是如何处理这种分歧的？你又是如何处理的？

（5）就提供的帮助和态度而言，在公司的所有投资者中，你会怎么给这位投资者排位？

（6）投资者对你是否尊重？他们的介绍是否真实？这些介绍对你做判断有用吗？

（7）投资者和其他董事会成员是怎么做互动沟通的？和你的管理团队成员呢？

（8）如果想和投资者达成合作并建立良好的关系，你有什么好的建议？

（9）他们在公司董事会里有席位吗？大概多久开一次董事会会议？

（10）他们来开董事会会议的时候是不是都做了充足的准备工作？

（11）他们在董事会会议上的讨论和意见对公司发展是否有帮助？

（12）遇到不好的事情或棘手问题时，你会向谁求助？

（13）这个投资者是什么样的风格？

（14）你和这位投资者合作多长时间了？

（15）你希望这位投资者在哪些方面做出改进？

第三节 防止被投资者套路

一、可能会被提问的几个问题

融资，对大部分民营企业来说，都是一个挑战。说服陌生人本来就很难，让人家从口袋里掏出钱来更是难上加难。在与投资者不断的 PK 过程中，思路会越来越清晰，自信心也会越来越强，最终才能说服自己和投资者。

为了对企业多些了解，为了不让自己的钱打了水漂，在路演过程中，投资者都会提出一些问题，让企业解答。如果回答不好，就会影响到投资者对企业的印象。

在路演过程中，比较难回答或“灾难型”的问题有很多，这里选几个典型的问题给读者以启示。

1. 项目打算如何变现和盈利

这个项目最终怎么才能挣钱？创始人心里是否有清晰明确的商业模式？

有时投资者对民营企业的商业模式心里没底，或有些地方跟他所设想的不太一样，希望听到民营企业的意见。如果路演时支支吾吾，甚至对变现节点和节奏毫无想法，就很难拿到融资。好的商业模式清晰简洁，且离钱相对比较近，甚至掌握资源或定价权。

2. 你想做这么多东西怎么实现

公司早起发展讲究单点突破，一个点扎根做深，再围绕相应的场景和服务做复制和突破；目标太多不聚焦，这也想做，那也想做，在听项目时，投资者就会有穿越的感觉，怎么刚才还在说社交，现在又换成做人工智能了？

对于民营企业来说，资源是有限的，什么都做，最终结果什么都做不好。这不仅是投资者担心的问题，也是民营企业需要时刻关注的问题。路演机会弥足珍贵，最好在一次路演中，把事情讲清楚。

3. 你这个项目，到底在做什么

只要投资者提出这个问题，基本上可以判现场路演的死刑。洋洋洒洒说了半天，投资者还搞不懂你在说什么，确实令人感到沮丧。出现这种情况主要有两个原因：一是投资者不懂行，你找错了路演对象；二是无关的东西太多，在特定的时间段里没有说到重点。

遇到这个问题时，民营企业要反思三个问题：一是自己的 BP 或路演内容是否过于空泛，情怀过多，忽略了自己最核心的业务；二是是否找错了投资者，下一次融资路演时怎么找到对的投资者；三是怎么提高自己的路演演讲能力。

4. 这轮融资的金额为什么这么高

项目本身盈利能力这么强或者项目这么早期，为什么需要这么多钱？有什么理由支持吗？

对于投资者来说，融资资金是和估值紧密相关的，太高的估值会直接影响到企业的后续融资过程。并且，在早期尚未有业绩支持的情况下，动辄千万的融资很容易让投资者觉得你是在跟风融资。如果民营企业自己也没想清楚融资的目的，就是一个危险的信号。融资金额，不是越高越好，当投资者看到令人咂舌的融资金额时，多数已经给项目预判死刑了。

5. 团队成员是怎么加入公司的

路演的时候，有些民营企业会夸大团队的背景，甚至有些还会将跟自己有过一点交集的人或顾问成员写到团队介绍里。投资者看到团队成员能力水平和公司成长阶段差别太大，心中就会有疑虑。因此，在介绍团队成员时据实描述，正视团队的短板，反而会给对方留下一个靠谱的好印象。

二、猜测投资者的意图

投资者之所以要投资，肯定不是为了凑个热闹，也不是一时兴起的决定。

逐利是投资者的本性，对投资者进行了调查之后，就要对投资者的投资意图进行了解。

总结最近几年成功的投资案例可以发现，投资者的目的不外乎这样几个：

1. 本金保障

最常见之投资目的，就是保存金钱的购买力。通货膨胀对财富的侵蚀力，很多人都知道，只要持有现金数量大于生活所需，才能应对通货膨胀的影响。在高通货膨胀的情况下，不进行有效的投资，购买力就会受到侵蚀。所以，即使没有投资需要的个人，也容易兴起投资的念头，以保障本金不受侵蚀。

2. 资本增值

对某些投资者来说，他们要求不单是保值，更要增值。通过种种投资，以期本金能迅速增长，使财富得以累积。对一些高收入且固定入息的人士，例如公务员、教师、高级行政人员等，如果只依赖正常薪金收入，财富的增长始终有限，因此会通过投资达到财富增长的目的。

3. 经常性收益

一般拥有若干资产及回避风险的人士，期待本金获得保障，且能定期地获得一些经常性收益作为生活费用，例如已退休人士、没有稳定收入的人士等，他们不敢也不愿意以本金从事投机性投资，自然也就愿意将资金投入市场，作为较银行存款略佳的投资选择。

虽然投资目的只有三种，但在实际生活上却是不可胜数的。例如，一些企业会将多余现金投入投资活动，以代替银行存款；一些资金受托人士，将资本进行投资，是为了完成受托人的责任。不过无论如何，投资目的基本是由上述三种原因诱发。

上面列出了投资者投资的目的，民营企业要通过沟通了解投资者为何要给你投资。知道了他们的目的，就能有的放矢了，融资成功的概率也会大很多。

三、做好反套路策略

与投资者过招的过程也是一个博弈的过程，也会遇到很多出乎意料的事情。这时候，民营企业就要采取合适的策略进行应对，不能任由其发展。

1. 投资者撕毁投资意向书，企业却不能撕破脸

投资意向书，与条款清单等投资意向文件一样，在投资圈子里的使用是随着实践逐渐推广开的，在并不久远的历史上，交易各方主要依靠的是“握手协议”或口头协议等君子之约，只不过，商业世界的疾速发展使得信任越来越难，交易各方越来越依赖于合同，如书面的合同或后来随着技术发展出现的更多等效方式。

只要拿到投资意向书，这意味着投资者同意牵手了。但也不能高兴得太早，因为投资意向书只是意向性的君子协定，规范的投资意向文件通常会明确约定：该文件在法律上是没有约束力的。除了明确约定具有法律效力的几个条款之外，估值、投资金额等是“君子协定”，根本就没有法律约束力。

意向书的逻辑往往在于，投资者对公司还不够了解，需要通过尽职调查等程序，并在其他约定条件完成之后才能签署最终的约束性投资协议。但是，投资意

向书在专业投资圈具有道德上的约束力，只要不发生意外，专业投资者通常都会按照投资意向协议完成投资，最终法律文件的确定也都以这份意向协议为依据。所以，其重要性不言而喻。

投资者在签署了投资意向书之后，如果没有给出正当理由而不继续完成投资，是不道德的行为。对于民营企业来说，纠缠投资者最终决定不投的理由是否正当意义并不大，重要的是有没有做好事先的计划和安排，预防投资者最终不投资的结果。

2. 未签投资意向就开始尽调，不投则可能泄露机密

还没有达成投资意向就开始尽职调查，在融资环境不利的背景下，更容易出现的情况，表现为部分投资者的强势和民营企业的单纯无知。

除了需要分辨和了解投资者，在谈融资的过程中，民营企业披露项目信息的时候还要坚持这样的原则：分享饼干而不是分享制作饼干的秘方。向投资者介绍产品和市场潜力如同跟消费者或用户介绍产品和市场，当问到如何做的“秘方”时，民营企业就应当更加谨慎，要避免披露具有价值的技术信息。即使是为了充分展示而必须披露也要控制披露节奏，早期尽量粗线条，随着磋商的深入，再根据情况决定披露的深度和范围。

还有一个非常值得警惕的问题是项目信息的传播。在各种网络和社群里漫天飞舞着各种 BP，有些 BP 比较粗线条，有些 BP 连公司的财务数据都包含在内。民营企业通过电子和网络等方式分享公司信息的时候，一定要意识到当今信息传播的泛滥程度，发送之初要确定信息是可以公之于众的，确定被转发的内容中没有重要的保密信息。

3. 分期到账，导致民营企业裸奔

基于信息不对称，为了控制投资风险希望公司在达到约定的条件，投资者往

往会分期投资，比如：业绩、用户或产品完成约定的里程碑之后再完成后续的投资，这是实践中容易发生争议的地方。

民营企业需要注意的是，不要像媒体公关一样将分期投资视为成功融资的总金额，后期投资如果有条件，就要冷静地掂量条件无法完成的可能，做最好的预期，做最坏的打算。

从民营企业的角度，确保融资款到位后，要办理工商登记，确认投资者股权。在实践中一旦遇到投资者拿了股权但是不给钱的现象，就会面临投资款要不到、股权收不回来的情况，局面非常被动，处理起来也相当棘手。

4. 投资者账上没钱让民营企业很尴尬

创业者会在一些募资能力比较弱小的基金和个人（天使）投资者身上遇到更多类似的遭遇，所以除了看投资者名片和口头一面之词之外，更要做自己的详细规化，了解意向投资者的实力、背景、口碑和过往投资经历及业绩，做好反向的尽职调查。

另外，给了投资者排他期，民营企业就要坚决要求投资者在排他期内完成最终投资文件的签署，并按照约定及时完成最终交割。只要投资者要求延长排他期限以完成项目，就可以大胆地提出补救方案，比如：先到位一部分资金解决公司压力，因为投资者都能理解公司的资金压力。否则，就要停止等待，尽快考虑替代性的融资选择。

在钱到账完成交割前，融资交易都不算真正完成，所以民营企业不要急于发布融资成功的消息，不能放松警惕在办公室等着投资款到账，要及时跟踪和关注投资者的状态和状况。

5. 千里迢迢赴约，却是投资者的助理招待

如今，基金寻找优质项目的难度已经接近民营企业融资的难度了，所以，投

资者可能每天见好几家甚至十几家项目。当今，不一定是投资者在 CBD 写字楼高层等着项目企业上门见面，投资者不仅需要四处奔波找项目，还要公关打品牌，所以投资者的时间更加紧张和稀缺。

视基金的规模大小，民营企业首次进行投资者会面，投资者派出的人员可能是投资经理而非决策层，如果已得到投资经理的认可，可能还会安排更高级别人员的面谈，但如果第一次面谈没有得到投资经理的认可，最好寄希望于其他投资者了。如果见面几周后，仍没有收到投资者的任何反馈，那就从潜在投资者名单中暂时划掉这一家。

6. 投资者对固有逻辑框架的偏执

能否遇到有共同语言的知心投资者，不仅需要更多地了解投资者，在实践中还要靠民营企业的运气。通常情况下，投资者都不是民营企业所在领域的专家，投资者很容易使用经验积累的逻辑框架来判断新的项目。投资者的工作是“伯乐”找到领域内的黑马，而不是成为所投资领域的千里马。简单来说就是：融资最主要的是拿到钱，即使实现不了融资，至少可以认真听听投资者的问题。即使这些问题没什么深度，但也是基于众多投资经验积累出来的具有代表性的问题，善于学习的民营企业绝不会遇到真正“一文不值”的投资者。

7. 投资者对民营企业的傲慢

民营企业是专业投资者的“衣食父母”，傲慢不会帮助投资者找到更多好项目。如果投资者因为时间的压力，其沟通方式让民营企业难以接受，倒不是很稀奇的事情。很多投资者也在感叹，即使在所谓的寒冬环境下，民营企业也不用太介意融资过程中的挫败，要努力寻找适合自己的投资者。

投资者后悔当初错过的案例比比皆是，没有投资者会因傲慢而成功。不要因为不愿意错过优秀项目与优秀创业者结怨。如果投资者明确告诉你不会投，你应该感到庆幸，因为他没有浪费你的宝贵时间和精力。

8. 投过竞品还来撩，暗地帮助友商

在融资过程中，关于商业秘密保护的担心可以理解。这里强调一点：只要做好了投资者的反向尽职调查，就能了解到投资者是不是已经投资了友商。了解投资者的投资风格是不是喜欢投“赛道”，也就是在一个领域同时投资有竞争关系的多家公司。

第十三章　做好融资后的管理

第一节　立即操作项目，不要让投资者失望

对于一家民营企业来说，融资成功自然是很欢喜的事情，但是依然有很多公司在拿完融资后走向了覆灭，为什么？其中一个很大的原因是拿到融资之后不知道该干什么，资金没有得到充分的利用，导致失败。

很多小公司在得到资金后，大办公司、迅速扩张、高薪招聘人员等。其实，是民营企业搞错了重点，成功拿到融资后，第一时间要做哪些事情呢？立即操作项目！

一、发布官方新闻稿

之所以要发布新闻稿，是为了将所有关于融资的新闻消息掌握在自己手中。因为无论是融资的金额，还是时间，又或是股份发售，都必须报备证券交易委员会。在所有关于融资消息对外公布之前的15天，公司必须要向证券交易委员会提供相关数据备案。融资消息一旦公开之后，包括记者、竞争对手和员工在内的所有人，都能轻易看到或者在社交媒体上相互分享融资数据。

简单来说，只要是关于公司的重大新闻，都必须将主动权掌握在自己手中，不能让竞争对手或行业分析人员拿这些新闻做文章。因此，最好还是让业务发展团队或媒体关系团队来撰写一篇官方新闻稿，亲自对外公布融资消息，同时对投

资者、产品、领导团队以及公司愿景进行宣传和赞扬。

其中，务必将重要投资者囊括进来，可以适当邀请他们给出一两段评论。对于年轻团队来说，谦虚谨慎总归是不会错的。

最后，新闻稿发布的时间，也可以根据证券交易委员会材料报备时间进行适当调整，以便最大程度地利用新闻稿带来的市场宣传价值。

二、尽早购买保险、注意合规问题

对于多数民营企业而言，拿到投资之后的第一件事，就是扩大团队规模、下发各项任务以提高效率。但在这个过程中，首席运营官或者首席财务官需要特别注意合规问题。

因此，在拿到投资之后，公司的当务之急，就是购买董监事及高级管理人员的责任保险。因为一旦公司董事会成员或高级管理人员，在履行职责期间由于某些管理决策或财务决策遭到起诉指控，这一保险是能够为他们提供保障的。当然，最好还是得寻求专业保险经纪人的建议，请他们根据公司实际情况给出评估。而且，公司融资轮结束之后，最好在第一时间生效相应的政策制度。

除了这些之外，公司还需要履行一些其他合规义务。比如，建立一套基于最迟截止日期的报告提交制度，让投资者及时了解公司的财务数据和预算方案；再如，密切监测所有可能影响公司业务运营的义务履行，包括董事会对特定类型交易的批准。

三、及时与新投资者召开董事会议

与公司创始人一样，风险投资者平时也是公务繁忙，行程满满。所以，在融资交易正式完成之后，要尽可能多提醒投资者提前安排两个小时出来参加全新的董事会会议。

至于公司本身，做好充分的前期准备工作，妥善安排好与会议相关的事项，毕竟投资者主要是给公司领导团队提供战略建议，所以，至少在会议召开的前3天，制作并发送出一份详细的会议议程，附带与公司和会议相关的参考资料。当然，也要征求他们的意见，看看是否会有事项增加或者对会议形式有要求。至于重大问题以及人才的介绍或推荐，最好提前告知他们，并表明自己希望拿到一些反馈建议。

最后，到正式召开董事会会议时，一方面是要收集各方意见，另一方面是要提出开放性问题、认真倾听各方观点。当然，在第一次会议上，也可以敲定以后召开董事会会议的频率，针对处于早期发展阶段的公司，每月召开一次是比较常见的做法，频率定下来之后，就可以直接将一整年的会议日程预约好。这样，投资者就会知道，公司是有长期发展规划的，也非常尊重大家的宝贵时间。

四、准备股权证书

这里的股权证书不一定是指印有文字的实体证书，只要确保生成电子文件来证明投资者出钱购买了公司股票就行。不过，证书虽然是电子的，但必须要包含双方代表的亲笔签名，通常情况下，是董事长、首席执行官，或者财务主管等。同时，由于股票不是公开注册的证券资产，还是需要阐述清楚所有金钱交易的条款限制。

只要公司律师确认收到了投资者的资金，就可以开始准备股权证书了。至于投资细节，还是借助股权结构管理系统会比较方便。一来可以生成账簿，二来可以追踪记录投资者的股权份额，三来还可以为下一轮融资提前做好一些准备工作。

以上四件事情是创业者融资后需要及时去做的，不要把工作重心搞错了，既然融资成功了，就要好好把握。

第二节 不要为了垄断而大量烧钱

“烧钱”是2014—2015年的热门词，互联网行业很多从业者习惯用烧钱模式、烧钱做市值，可是，事实告诉我们：这种方法很危险，一个产品的兴盛到衰落只需要4年。

2014年成立，爱屋吉屋就加入了“烧钱”的行业；成立一年半以后就拿到了6轮融资，估值60亿元，并且在上海的租房市场拿到28%的份额；2015年爱屋吉屋风靡房产市场；2016年就大面积裁员，市场占有率急速下滑；2017年强制拉员工投资；2018年销声匿迹；2019年1月App、官网等停止运行。

爱屋吉屋转瞬即逝的关门速度，放在任何一个行业都是高级别的。靠烧钱来撼动房产市场，盲目地烧钱补贴，最终只会导致居高不下的成本。

民营企业的确是有潜力无穷和充满无限可能的市场，但这并不表示着烧钱就能把这个市场颠覆。过于依赖互联网营销模式，摒弃传统行业长时间积累的经验，爱屋吉屋把60亿元的资金没有用在刀刃上，最终走上穷途末路。

众所周知，派派、知乎等互联网公司融资后都热衷于把钱砸向广告，因为可以带来较大的效益，也是平台进行扩张的最佳办法。

比如，外卖平台大战。每天的饭点，很多外卖小哥就会奔波在写字楼、小区和餐厅之间，多数人都愿意为了省几步路，每天多花二三十元吃顿饭，所以这些钱大多由美团、饿了么、百度外卖这样的平台承担。同样一家餐厅，如果通过外卖平台点餐，可能会比堂食还便宜几元。背后没什么神奇的技术，就是有人帮你买了单。

比如，滴滴与Uber的补贴大战。在Uber补贴力度最大的2015年，北京一个司机只要一周能拉满70单，不管实际交易额有多少，都能获得7000元保底收入。这种保底补贴维持了差不多3个月，除了保底补贴，在用车高峰时段，Uber为了鼓励更多的司机上线，还会额外给出高达3倍的补贴，这还不算乘客给出的溢价费用。接单量大的司机，平台也会根据情况有额外的奖励，比如：如果接满105单，还能再获得1400元行程补贴。

任何一个产品或平台的烧钱模式最后都是为了垄断。不管是知乎、派派等砸钱拍广告，还是Uber等补贴司机，都是为了在同行业里树立起口碑，在用户认知里画下浓浓的一笔。

烧钱参与者所看重的也都很简单，只要竞争对手撑不下去，它们便能垄断市场，到时候，盈利就有希望了。不过即便能够走向垄断，烧钱也是有代价的，烧得越多，创始团队、投资者在上市后能够拿到的回报就越少。

如果烧钱大战看不到头，公司和投资者就会寻找新的解决办法，那就是并购。将处在行业第一、第二地位的两家公司融为一家，互相烧钱也就没必要了。

第三节　融资的钱来之不易，不要乱花

民营企业的产生和发展离不开资金流，资金关系着企业的生死存亡。作为民营企业，能得到投资者的信任和支持，真的挺不容易的，那么，融资后该如何花钱呢？

一、要尊重投资者

投资者不仅是一个股东，更是你的合作伙伴。众志方能成城，所以民营企业要秉持着对投资者的约定，有计划地合理地灵活地花费每一笔钱，严格执行预算，并将有变数的情况告知投资者。

二、花钱以扩大增加用户

增多业务量为目的，以达到扩大收入、扭转盈亏的目的，或者拓展市场、提高自身的增值，为股东赢得更高的利润。

三、花钱容易，挣钱不易

勤俭节约，能省就省，确保公司在面临困境时，有足够的资金渡过难关，或者为公司更上一层楼提供资金的动力支持。

第四节 企业融资后的资金分配原则

民营企业通过合理的途径融资得到发展的资金以后，接下来最重要的任务就是怎么最大化和最好地利用这些资金，这就涉及企业融资后的资金分配问题。合理地分配资金，确保资金发挥最大的用处，也是使得企业利益最大化的重要手段。

如今，缺钱已经是民营企业的常态，把钱花在刀刃上才是最关键的，而每一个时期刀刃都是不同的。那么，民营企业一般分为几个时期，各个时期资金该如何分配呢?

一、民营企业萌芽时期的资金分配

在这个阶段一般都是最需要钱的阶段，对于民营企业来说，每天醒来都会头疼每个地方都需要用钱，也会有很多创业者觉得钱不够用。当然，这也是最关键的一个阶段，如果在这个时候出现资金断流，对于公司的打击就是毁灭性的。

很多初创公司都倒在资金链上，产品无法正常研发，推广无法正常投入，最终影响到整个公司的正常运转，被钱活活拖死，还没来得及盈利就已经倒下。

所以在创业萌芽阶段，钱一定要省着花，要保证每一笔资金都用在最需要的地方，而不是在每个环节都投入大量资金。

二、民营企业起步时期的资金分配

度过了萌芽期之后，公司就进入稳定前进的时期，从这时开始要参与到市场竞争中了。所以，发展的矛盾由缺钱转化为如何赚钱。这时候，公司应该具备做出明确判断的能力。在与对手的竞争中，谁能赚到钱，谁就能存活下来。所以，这个时期的融资，要在较短时间变现的领域，适当放缓一些长期项目的发展，因为只有公司存活下来，才有长期运营的资本。

三、民营企业发展时期的资金分配

在度过萌芽期的艰难和起步期的平稳发展之后，开始有了公司的雏形，也有了基础的产品。这时候，就可以做一些长期规划了。不过，这时多数民营企业最稀缺的资源是用户和流量，所以，应该将目光放在用户的开发上，在广告和推广上多投入，积极地扩大自身的市场占有率。如此，即使成本较高，最终也可以带来高回报。

四、民营企业成熟时期的资金分配

在这个阶段，公司就已经非常成熟并且步入正轨，能够正常盈利了。这时公司运作已经非常规范化以及标准化，对钱的使用应该用在打磨公司产品质量上。

公司在发展时难免会有一些良莠不齐的产品和技术，在当时是为了迅速盈利，而为了公司的长远发展考虑，必须提升产品和技术的质量，否则就无法在竞争中获得更大的优势。所以，提升公司的整体品质，就成为在这个阶段最花钱的事情。

第五节　项目失败，融到的资金怎么算

经常有一些创业者会问："创业失败后投资者的钱该怎么处理，到时候要是全赔了自己还要不要还？"

首先要明确一点，投资者与民营企业之间是合作关系，一个出银子（投资者），一个奉献创意和汗水（创业者），而不是债务关系。

宣告破产倒闭，账面剩余 10 万元。如何清算？

融资来的钱，如果是正常花光了，当然不用赔偿。但是，有一种特例：注册资本中，创始人及团队认缴的那部分，如果未如实认缴，则应补缴并在公司倒闭后，优先补偿风投。

比如，某 IT 创业企业，注册资本 100 万元，由团队中 3 人按 50 万元、30 万元、20 万元认缴，但各自初期只实缴了 10 万元、2 万元、2 万元，这个在法律上是允许的。后来拉到 100 万元天使轮投资，再后来这 114 万元基本烧光了，拉不到下轮投资，只得宣告破产倒闭，账面剩余 10 万元。如何清算？

理论上公司清算的资金，优先支付工资和供应商欠款，然后优先返还风投，再有剩余则返还股东。所以，那 10 万元应优先返还给风投。接下来，三名股东共实缴了 14 万元，还差 86 万元未缴，这 86 万元按法律规定是必须补缴的。补缴之后，因为还有 90 万元未返还给天使投资，又得拿出来优先返还给风投。最终，风投收回 96 万元，基本保本；3 位创业人亏掉 100 万元，外加时间、精力无数。

要知道，在任何情况下，民营企业创业人先烧掉的都是自己的认缴注册资本，然后才开始烧投资者的钱。如果初期未能完全实缴，则破产清算时要补缴。

如果项目失败，进入清算环节，投资者通常是享有优先清算权的，至少有 1 倍（或者超过 1 倍）的清算权。所以清算的流程应该是：先把公司的所有资产用于偿还投资者的投资款；如果偿还之后还有多余的部分，再按照股份比例分配。

这就涉及一个如何界定创业失败的问题。在进入破产清算环节之前，如果投资者和民营企业之间的沟通足够畅通，项目的发展状况不好，不可能一点预警都没有，从概率上来说，能成功的企业本来就比例很小。如果创始人和投资者都对项目失去信心，但账面上还有钱，这个时候，就要考虑：是继续花钱，还是壮士断腕，把钱还给投资者，将公司账面欠款归零。

后续

基金与企业是如何完成一场融资的

有不少人在私募股权投资过程中，对基金与企业之间是如何对接、如何完成一场融资的，也心生好奇，毕竟，对于投资，这些也是考量一个企业的重要指标。作为一名投资人，额外又给大家整理了一下基金与企业融资期间的一些问题及答案，给广大融资者一些参考。

No.1 私募股权投资基金如何寻找目标企业?

根据观察，国内民营企业家对私募股权投资基金的认知程度并不高，他们普遍比较谨慎，不大会主动出击，而是坐等基金上门考察。

基金投资经理的社会人脉在目标企业筛选上起到了很关键的作用。因此，基金在招募员工时很注重来源的多元化，以希望能够最大限度地接近各类高成长企业。新成立的基金往往还会到中介机构拜拜码头，为了尽可能地拓展社会知名度，中国还出现了独有的现象，基金的合伙人们经常上电视台做各类财经节目的嘉宾，甚至在新浪网上开博客，尽量以一个睿智的投资家的形象示于大众。

此外，政府信息是私募基金猎物的一个重要来源。私募基金在西方还有个绰号叫“裙带资本主义”，以形容政府官员与私募基金的密切关系，例如，英国美国多位卸任总统在凯雷任职，梁锦松卸任后加盟了黑石，戈尔在凯鹏任职。

No.2 私募股权投资基金如何决策投资?

企业家经常很疲惫地打电话给律师，“×× 基金不同的人已经来考察三轮了，什么时候才是个尽头……”这是由于企业不了解基金的运作与管理特点。

尽管基金管理人的个人英雄主义色彩突出，基金仍然是一个公司组织或者类似于公司的组织，基金管理人好比基金的老板，难得一见。基金内部工作人员基本上分为三级，基金顶层是合伙人、董事；副总、投资总监等人是基金的中间层次；投资经理、分析员是基金的基础层次。基金对企业一般的考察程序是先由副总带队投资经理考察，然后向合伙人汇报，合伙人感兴趣以后上投资决策委员会（由全体合伙人组成，国内基金还常邀请基金投资人出席委员会会议）投票决定。一个项目从初步接洽到最终决定投资，短则三月，长则一年。

No.3 基金对企业的投资期限大概是多久？

基金募集时对基金存续期限有严格限制，一般基金成立的头 3 至 5 年是投资期，后 5 年是退出期（只退出、不投资）。基金在投资企业 2 到 5 年后，会想方设法退出（共 10 年）。

企业接受基金的投资也是一种危险的赌博。当基金投资企业数年后仍然上市无望时，基金的任何试图退出的努力势必会干扰到企业的正常经营。私募的钱拿得烫手就是这个道理。

No.4 私募股权投资基金喜欢投资什么行业的企业？

私募基金喜欢企业具有较简单的商业模式与独特的核心竞争力，企业管理团队具有较强的拓展能力和管理素质。但是，私募基金仍然有强烈的行业偏好，以下行业是我们总结的近 5 年来基金最为钟爱的投资目标：

1.TMT：网游、电子商务、垂直门户、数字动漫、移动无线增值、电子支付、3G、RFID、新媒体、视频、SNS；

2. 新型服务业：金融外包、软件、现代物流、品牌与渠道运营、翻译、影业、电视购物、邮购；

3. 高增长的连锁行业：餐饮、教育培训、齿科、保健、超市零售、药房、化妆品销售、体育、服装、鞋类、经济酒店；

4. 清洁能源、环保领域：太阳能、风能、生物质能、新能源汽车、电池、节能建筑、水处理、废气废物处理；

5. 生物医药、医疗设备；

6. 四万亿受益行业：高铁、水泥、专用设备等。

No.5 什么原因会导致私募股权融资谈判破裂?

在中国，私募交易谈判的成功率并不高。以企业与意向投资基金签署了保密协议作为双方开始接洽的起点，根据我们观察，能够最终谈成的交易不到三成。当然，谈判破裂的原因有很多，比较常见的有以下几条：

第一，企业家过于情感化，对企业的内在估值判断不够客观，过分高出市场公允价格。企业家往往是创业者，对于企业有深厚的感情，日常又喜欢读马云等人的名人传记，总觉得自己的企业也非常伟大，同时，现在又有基金上门来谈私募了，更加进一步验证了企业的强大，因此，不是一个高得离谱的价格是不会让别人分享企业的股权的。但是，基金的投资遵循严格的价值规律，特别是经过金融风暴的洗礼以后，对于企业的估值没有企业家那么浮躁。双方如果在企业价值判断上的差距超过一倍，交易很难谈成。

第二，行业有政策风险、业务依赖于具体几个人脉、技术太高深或者商业模式太复杂。作为专业的私募律师，我们曾经考察过千奇百怪的企业，有的企业是靠政府、垄断国企的人脉设置政策壁垒来拿业务；有的企业技术特别先进，比如最近非常热门的薄膜电池光伏一体化项目、生物质能或者氨基酸生物医药项目；有的企业商业模式要绕几个弯才能够明白做什么生意。伟大的生意总是简单的，基金倾向于选择从市场竞争中杀出来的简单生意，行业土一点、传统一点并没有关系。餐饮酒店、英语培训，甚至保健按摩都有人投资，而太难懂、太神秘的企业大家反而敬而远之。

第三，企业融资的时机不对，企业过于缺钱的样子吓到了基金。基金永远是锦上添花，而不会雪中送炭。很多国内民企在日子好过的时候从来没有想做私募，到揭不开锅的时候才想起要私募。基金不是傻瓜，企业现金流是否窘迫一做尽职调查马上结果就出来，财报过于难看的企业基金往往没有勇气投。

第四，企业拿了钱以后要进入一个新行业或者新领域。有些企业家在主业上已经非常成功，但是突然心血来潮要进入自己从来没玩过的一个新领域，因此就通过私募找钱来玩这些项目。这种玩法不容易成功，基金希望企业家专注，心思太活的企业家基金比较害怕。

No.6 签署保密协议对企业意味着什么？

一般而言，在找到正确的途径后，企业是不难接洽到基金来考察的。见过一两轮后，基金往往要求企业签署保密协议，提供进一步的财务数据。律师往往也是在这个阶段接到企业的电话，要求提供交易指导。

保密协议的签署仅表明基金愿意花费时间严肃地考察这个项目，私募的万里长征才迈出第一步，本身不是一件特别值得庆贺的事情。在这个阶段，除非企业家自己无法判断应当提交什么材料，请律师帮忙判断，否则律师仅提供一般的签约法律指导，不会介入材料的准备。

多数情况下，签署的保密协议以使用基金的版本为主，我们在帮客户把握保密协议的利益上，一般坚持以下要点：第一，保密材料的保密期限一般至少在3年以上；第二，凡是企业提交的标明“商业秘密”字样的企业文件，都应当进入保密范围，但保密信息不包括公知领域的信息；第三，保密人员的范围往往扩大到基金的顾问（包括其聘请的律师）、雇员及关联企业。

No.7 企业估值的依据何在？

企业的估值是私募交易的核心，企业的估值定下来以后，融资额与投资者的占股比例可以根据估值进行推算。企业估值谈判在私募交易谈判中具有里程碑的作用，这个门槛跨过去了，只要基金不是太狠，比如要求回赎权或者对赌，交易总可以做成。

总体来说，企业如何估值，是私募交易谈判双方博弈的结果，尽管有一些客观标准，但本质上是一种主观判断。对于企业来说，估值不是越高越好。除非企业有信心这轮私募完成后就直接上市，否则，一轮估值很高的私募融资对于企业的下一轮私募是相当不利的。很多企业做完一轮私募后就卡住了，主要原因是前一轮私募把价格抬得太高，企业受制于反稀释条款不大好压价进行后续交易，只好僵住。

估值方法：市盈率法与横向比较法。

1. 市盈率法：对于已经盈利的企业，可以参考同行业已上市公司的市盈率然后打个折扣，是主流的估值方式。市盈率法有时候对企业并不公平，因为民企在吸收私募投资以前，出于税收筹划的需要，不愿意在账面上释放利润，有意通过各种财务手段（比如做高费用）降低企业的应纳税所得。这种情况下，企业的估值就要采取其他的修正方法，比如使用 EBITDA。

2. 横向比较法：即将企业当前的经营状态与同业已经私募过的公司在类似规模时的估值进行横向比较，参考其他私募交易的估值，适用于公司尚未盈利的状态。

经验数值：制造业企业首轮私募的市盈率一般为 8~10 倍或者 5~8 倍 EBITDA；服务型企业首轮私募估值在 5000 万 ~1 亿元人民币之间。

No.8 签署 Term Sheet 对企业意味着大功告成了吗？

双方在企业估值与融资额达成一致后，就可以签署 Term Sheet 或者投资意向书，总结一下谈判成果，为下一阶段的详细调查与投资协议谈判作准备。

Term Sheet 或者投资意向书其实只是一个泛泛而谈的法律文件，声明除保密与独家锁定期（No Shop）条款以外，其余均无约束力。签署 Term Sheet 是为了给谈判企业一颗定心丸，使得其至少在独家锁定期内（一般为 2 个月）不再去继续寻找白马王子，专心与该基金独家谈判。签署 Term Sheet 以后，基金仍然可能以各种理由随时推翻交易，Term Sheet 获得签署但最终交易流产的案例比比皆是。

不同基金草拟的 Term Sheet 的详尽程度也有很大不同，某些基金公司的 Term Sheet 已经很接近于合同条款，在所投资股权的性质（投票表决、分红、清盘时是否有优先性）、投资者反摊薄权利、优先认购新股权、共同出售权、信息与检查权、管理层锁定、董事会席位分配、投资者董事的特殊权力、业绩对赌等诸方面都有约定。尽管这些约定此时并无法律效力，但是企业日后在签署正式投资协议时要推翻这些条款也非易事。